Fraude Codicia Ignorancia.
Las burbujas financieras en los mercados.

LUIS FERRUZ
JAVIER RIVAS

FRAUDE
CODICIA
IGNORANCIA

© Luis Ferruz Agudo y Javier Rivas, 2023.
Diseño gráfico y maquetación: pedroviejo.com
Todos los derechos reservados, incluidos los de reproducción total o parcial en cualquier formato.

ÍNDICE

Prólogo — 7

Capítulo 1. El concepto — 13

Capítulo 2. El fraude — 51

Capítulo 3. La codicia — 71

Capítulo 4. La ignorancia — 85

Capítulo 5. La corrupción — 111

Capítulo 6. Las lecciones — 135

Capítulo 7. Las burbujas que vienen — 145

Actualización a la primera edición — 171

PRÓLOGO

En plena alza del mercado de la «burbuja *puntocom*» un alumno me comentó que estaba dudando sobre qué hacer cuando terminase su carrera, si cursar un máster de finanzas o dedicar su tiempo a invertir en bolsa. Le atraía mucho esto último porque recientemente había invertido algún dinero y le había ido muy bien. Yo le hice ver que, entonces, era fácil apostar por un alza de las cotizaciones de las empresas tecnológicas, pero que eso no le hacía un genio de la inversión financiera ya que cualquiera podía ganar dinero en ese momento; de hecho, si quería probar su habilidad debería intentar ganar dinero con el pinchazo de la burbuja cuando este último se produjera, es decir, en el mercado bajista. También le comenté que un «buen» máster le sería muy útil para su futura vida profesional (y no solo por los conocimientos que obtendría).

Siempre hay una o varias razones por las que las bolsas suben: la expectativa de un crecimiento económico, la inyección masiva de dinero en la economía -como ocurre en estos días- la creencia de que un nuevo sector industrial va a arrasar en el futuro, etc. Y ese crecimiento de los precios, en ocasiones, contagia a las personas que nunca compran o venden en bolsa; es ahí cuando nace la burbuja, los precios se disparan muy por encima de lo que explican los datos actuales y su previsión futura (eso que denominamos fundamentales). La gente piensa que los precios van a seguir subiendo y, no importa que los fundamentales señalen lo obvio, esto es pura especulación; si los precios están muy altos pero podemos vender las acciones a un precio superior ganamos dinero (esto implica que no importa a qué se dedica la empresa cuyas acciones poseemos, solo importa que suban y, lo más importante, que la gente piense que van a seguir subiendo). Esto tiene lógica, desde mi punto de vista, así que si vendemos unos días después de haber comprado tenemos muchas probabilidades de ganar dinero; el problema surge porque la mayoría de la gente no quiere vender, haciendo caso omiso del viejo aforismo bursátil que dice «Que el último euro lo gane otro», «¡Faltaría más! ¿Por qué voy a vender si esto sigue subiendo y, además, mis vecinos tampoco venden? ¡Desde luego que yo no voy a ser el pobre del vecindario!». Así que ¡todos contentos!: todos somos teóricamente ricos cuando suben las acciones y todos seremos realmente pobres cuando la burbuja estalle y nos demos cuenta de que nadie quiere comprar nuestras acciones. Lo mismo que celebrábamos juntos las alzas de precios, juntos nos lamentaremos de la debacle.

Y entonces pasan dos cosas. Una micro y otra macro. La micro: hay una vecina del barrio que sí sabía de qué iba esto del mercado financiero y que cuando olió que se avecinaba el batacazo pidió prestadas acciones e inmediatamente procedió a venderlas para recomprarlas una vez pinchada la burbuja, lo que le hizo ganar mucho dinero cuando todos los demás se lamentaban de las pérdidas que habían tenido. Se habían reído de ella porque les decía que tuvieran cuidado porque la fiesta se acabaría de golpe y sin avisar, y ahora la miraban con resentimiento porque tenía razón y, encima, había aumentado su patrimonio cuando ellos veían disminuir el suyo. Vamos, una insolidaria, que se había valido de sus propios conocimientos sobre el mercado financiero para aprovecharse de la situación y beneficiarse.

La macro: los políticos entran en acción asustados por el enfado de la gente pidiendo responsabilidades por el pinchazo de la burbuja que ponía fin a su enorme inyección de felicidad. A la gente no se le puede decir que se mire al espejo para que vean ahí al culpable de sus males -si lo hicieran, no serían políticos porque, de lo contrario, no te votan durante el resto de sus vidas- entonces hay que buscar a un chivo expiatorio. Pueden ser los capitalistas, los especuladores o, mejor aún, los bajistas; estos han pinchado la burbuja para su beneficio y la ruina del resto. A ver quién de los perdedores no compra este discurso -ahora se dice relato: «Nosotros no somos culpables -faltaría más-, ellos sí».

De aquí viene la mala prensa de los «vendedores en corto» o «bajistas», que son vistos como inversores más sofisticados que los típicos compradores y, además, al apostar a que las empresas van a ir mal, se benefician cuando la mayor parte de los inversores pierden. Se les acusa de hundir empresas y mercados e incluso divisas y, si no, recuerde a Soros cuando apostó contra la libra esterlina en 1992 y ganó, olvidando que la economía británica estaba enferma y que, tarde o temprano, su moneda se iba a depreciar fuertemente, el famoso inversionista solo se unió al carro bajista, eso sí, haciendo publicidad de ello, lo que ayudaría a acelerar el momento de la caída de la libra y sus ganancias, claro.

 Este proceso que he relatado en los párrafos anteriores se viene repitiendo desde que existen los mercados (y no solo los financieros) pero las personas seguimos sin extraer lecciones útiles sobre ello. Nuestra manía de buscar culpables adecuados. ¡Ah!, y esto no quiere decir que los bajistas sean almas cándidas, no; el reparto de buenas o malas personas es el mismo entre alcistas y bajistas (o en todas las profesiones, empleos o servicios). De igual forma que hay bajistas que airean y exageran que una empresa está mal para provocar su caída en bolsa, lo que les beneficiará, hay alcistas que hacen exactamente lo contrario aireando productos potencialmente revolucionarios, lo que impulsará el alza de las cotizaciones (en este libro encontrará algunos ejemplos). El comercio de bulos está de moda gracias al desarrollo casi infinito de las redes sociales, haciendo muy difícil el no autoengañarse a la luz de la información que en ellas se difunde. La conclusión es que uno debe basarse en su conocimiento del negocio en el que desea invertir y en la opinión -acertada o no- del resto de los inversores sobre él. Claro que esta recomendación caerá en saco roto cuando llegue la siguiente burbuja; el ser humano tiene una memoria económica muy débil, como decía John K. Galbraith.

 Nunca olvide el lector o lectora que el mundo financiero es una ciencia social no una ciencia exacta, aunque utilicemos para comprenderlo modelos brownianos, matemática estocástica de tiempo continuo y otro aparato matemático aún más sofisticado. Y, como es ciencia social, quiere decir que su objeto de estudio -las decisiones financieras de las personas- analiza lo que se dice, estima o predice sobre ese mismo mundo financiero, lo que implica alterar su comportamiento en función de lo que se dice sobre él, buscando beneficiarse por ello; claro que este cambio de su comportamiento invalidará las predicciones realizadas previamente sobre él. Dicho en forma matemática, la variable independiente afecta a la dependiente y es, a su vez, afectada por ella.

El libro que tiene en sus manos ha sido escrito por los profesores Luis Ferruz Agudo y Javier Rivas Compains, que son dos grandes conocedores no solo de los mercados financieros sino también del comportamiento de las personas que, habitual u ocasionalmente, interactúan en ellos. En estas páginas muestran diferentes fuerzas que crean y alimentan las burbujas: el fraude, la codicia, la ignorancia y la corrupción. Además, los autores revelan el caldo de cultivo de posibles burbujas futuras. Le recomiendo que lea las páginas que siguen y que reflexione sobre su contenido; ya estará haciendo algo que cada vez menos seres humanos hacen: reflexionar.

Marzo de 2021

Juan Mascareñas Pérez-Iñigo
Catedrático de Economía Financiera
Universidad Complutense de Madrid

CAPÍTULO 1
EL CONCEPTO

Para comenzar este libro sobre burbujas financieras, objeto de una larga investigación por parte de los autores, pensamos que lo más adecuado sería entender primero el propio concepto de «burbuja», algo que hay que admitir que es escurridizo puesto que no todos los movimientos bruscos de precio se pueden considerar como tal. Brunnermeier y Oehmke (Ed. 2012) explican que:

> «The term bubbles refers to large, sustained mispricings of financial or real assets. While exact definitions of what exactly constitutes a bubble vary, it is clear that not every temporary mispricing can be called a bubble. Rather, bubbles are often associated with mispricings that have certain features. For example, asset valuation in bubble periods is often explosive».[1]

---

[1] «El término "burbuja" nos remite a importantes sobrevaloraciones de activos reales o financieros. Aunque varían las correctas definiciones de lo que es exactamente una burbuja, resulta evidente que no cualquier mala valoración transitoria de un activo puede ser llamada burbuja. Por el contrario, las burbujas se asocian a menudo con malas valoraciones que presentan determinadas características. Por ejemplo, la valoración de los activos durante una burbuja es habitualmente explosiva».

Por tanto, en opinión de estos autores, para que exista una burbuja tiene que haber:

- Una mala valoración de un activo. Puede afirmarse que conocer el valor de un activo es sumamente complicado, pero en muchas ocasiones resulta más sencillo saber «lo que no vale».
- La evolución del precio tiende a ser rápida; las burbujas no se forman ni se destruyen poco a poco.
- Aunque haya procesos exponenciales de crecimiento del valor, algunos de estos generan valoraciones excesivas durante años o décadas. En ocasiones, burbujas que han explotado vuelven a formarse con intervalos temporales cortos.
- El valor fundamental del activo es claramente inferior al precio que se cotiza en el mercado, aunque hay autores que defienden que es posible lo contrario, como Fantazzini (Ed. 2016).
- Hay autoconvencimiento de que será posible vender el activo a otro participante en el mercado a un precio mayor, por alto que pueda ser el precio de compra.
- Las burbujas tienen lugar únicamente cuando se da una valoración incorrecta, y el 99% de las veces es mediante una sobrevaloración.

Hay algunas consideraciones filosóficas muy relevantes en esta definición. Para empezar, está implícito el concepto de valor como algo diferente del precio. El propio concepto de valor es discutible y discutido por la teoría.

En la economía clásica, la teoría del valor trata de dar respuesta a la cuestión que se plantea sobre cuáles son los fundamentos que explican o determinan qué cantidades de bienes o servicios tendríamos que entregar para recibir otros bienes o servicios a cambio. El concepto de valor en la ciencia económica ha supuesto en sí mismo uno de los elementos claves de debate y estudio, en lo referente a su concepción y los fundamentos que lo originan. David Ricardo, ya en 1817, señalaba:

«[...]de ninguna fuente proceden tantos errores y tantas divergencias de opinión en dicha ciencia[2] como de las ideas imprecisas atribuidas a la palabra valor».

Los autores no pueden sino estar de acuerdo con el gran Ricardo, aunque se producen enormes discrepancias en lo que significa valor, pues dos analistas analizando con los mismos datos una empresa llegarán a conclusiones distintas, dificultando mucho el poder aclarar cuándo se producen las burbujas valorativas.

La importancia de la definición conceptual del valor radica también en las implicaciones sociales que supone la distribución del mismo entre los diversos factores correspondientes y responsables de dicho valor. Así, John Stuart Mill (Ed. 1996) afirmaba:

«[...] casi con toda especulación respecto a los intereses económicos de una sociedad así constitui-

---

2 Ricardo se refiere a la economía política.

da entraña alguna teoría del valor; por consiguiente, el más pequeño error sobre este asunto introduce un error correspondiente en todas las demás conclusiones, y cualquier vaguedad o nebulosidad en nuestra concepción del mismo crea confusión e incertidumbre en todo lo demás».

En la historia del pensamiento económico el concepto de valor ha tenido dos apreciaciones, establecidas inicialmente por Adam Smith, y basadas en diferenciar dos realidades en el mismo concepto. Por una parte, el valor en uso, relacionado con la satisfacción de las necesidades que proporciona la disposición de una cantidad de bienes (lo que posteriormente se ha asociado con el término de utilidad que otorga algún objeto en particular). Y, por otra parte, la realidad correspondiente al poder de compra de otros bienes que confiere la propiedad de dicho objeto, lo que se ha denominado como valor de cambio, y con posterioridad simplemente como valor. Adam Smith hacía referencia a estas dos apreciaciones de la siguiente forma:

«Debe observarse que la palabra tiene dos significados, y unas veces expresa utilidad de algún objeto particular y otras la capacidad de adquirir otros bienes que ese objeto le confiere. Podemos llamar al primero valor de uso, y al otro valor de cambio. Las cosas que tienen el mayor valor de uso frecuentemente tienen poco o ningún valor de cambio. Y, por el contrario, las que tienen mayor valor de cambio frecuentemente

tienen poco o ningún valor de uso. Nada es más útil que el agua, pero con ella apenas se podrá comprar nada, ni se podrá intercambiar apenas nada por ella. Un diamante, por el contrario, apenas tiene valor de uso; pero con frecuencia se podrá cambiar por una cantidad muy grande de otros bienes».

Pensemos en el bitcoin: pocos comercios aceptan esta criptodivisa que tiene un valor de uso muy reducido pero, sin embargo, presenta un enorme valor de cambio dado el precio que alcanza en los mercados.

La dualidad en el concepto de valor podemos encontrarla igualmente si acudimos al Diccionario de la Real Academia Española, donde el valor es definido como «*grado de utilidad de las cosas, para satisfacer las necesidades o proporcionar deleite*». Es decir, que una mercancía adquiere valor por el hecho de cubrir una determina necesidad para quien la posee o la usa, diferenciando, por tanto, el concepto de valor del de uso. De tal forma que, en virtud de esta cualidad de satisfacción de necesidad o de la utilidad, «*se da por poseerlas cierta suma de dinero equivalente*» distinguiendo, en este caso, el concepto de valor de cambio como «*equivalencia de una cosa por otra*».

Esta distinción entre valor de uso y cambio ya la encontramos en la época clásica cuando Aristóteles distingue el concepto de crematística natural de la no natural (del griego *khrema*, la riqueza, la posesión). Con este concepto Aristóteles hace referencia al arte de hacerse rico o de acumular riquezas y bienes, distinguiendo en esta práctica, el enriquecimiento que es fruto de la producción de bienes y servicios que suponen, a su vez, el satisfacer necesidades humanas (crematística natural); aproximándose esta definición al concepto de valor de uso. Por contra, con relación al valor de cambio, el filósofo diferencia otro tipo de enriquecimiento (crematística no natural), que solo es resultado del intercambio de dinero por dinero, donde no se produce nada, una actividad que para Aristóteles es más cercana a la usura y que deshumaniza.

Pero, ahora bien, ¿qué relación existe entre valor de uso y valor de cambio? Para responder a esta cuestión es necesario definir con precisión el concepto de utilidad o uso ya que, posteriormente, algunos autores criticaron la indiscutible ambigüedad con que fue utilizado este término por parte de Adam Smith. Sobre este respecto en particular, Mill señaló:

«En economía política, el uso de una cosa significa su capacidad para satisfacer un deseo o servir a una finalidad».

Asimismo, Senior define la riqueza u objetos que tienen valor como:

«[...] aquellas cosas, y solo aquellas cosas, que son transferibles, son de provisión limitada y son directa o indirectamente productoras de placer o evitadoras de sufrimiento».

Por su parte, Say utiliza el siguiente caso ilustrativo para su explicación (ejemplo que perfectamente podría ser utilizado en la actualidad con referencia a las causas de la crisis subprime de 2008):

«Una casa que se puede vender, si se quiere, en 20 000 francos, vale 20 000 francos únicamente si una sola persona está dispuesta a pagarla a ese precio; si le es imposible, tras haberla adquirido, revenderla en lo que le costó, entonces la pagó por encima de su valor. [...] Las necesidades que sentimos nos hacen que deseemos poseer las cosas que son capaces de satisfacerlas. [...] Estas necesidades dependen de la naturaleza física y moral del hombre, del clima que habita, de las costumbres y de la legislación de su país. Tiene necesidades del cuerpo, necesidades del espíritu y del alma; necesidades para sí mismo, otras para su familia, otras más como miembro de la sociedad. [...] Hay necesidades que son cubiertas con riquezas naturales, porque la única que cubre los gastos es la naturaleza. Por consiguiente, no tienen valor de intercambio. [...] Otras necesidades solo pueden satisfacerse mediante el uso de una multitud de cosas que no se obtienen gratuitamente, y que son fruto de la producción como se trata de verdaderos bienes, y por tanto el intercambio que comprueba su valor como los convenios por medio de los cuales se vuelven propiedades exclusivas solo pueden encontrarse en el estado de sociedad, se les puede llamar riquezas sociales. [...] Las riquezas sociales son las únicas que pueden llegar a ser objeto

de un estudio científico, porque son las únicas cuyo valor no es arbitrario, las únicas que se forman, se distribuyen conforme a las leyes».

Existe, por tanto, una relación suficiente y estrictamente necesaria entre valor en uso y valor en cambio, ya que siempre será necesario que el sujeto adquiera una utilidad o satisfaga una necesidad a través de la mercancía obtenida tras el intercambio. De tal forma, se entenderá que el valor en uso determinará el límite del valor que se le otorga a los bienes u objetos utilizados para el intercambio, puesto que se supone que no será lógico asumir realizar un intercambio por un bien que no cubra las necesidades que se suponen se le asocia:

«*El valor en uso es el límite extremo del valor en cambio. El valor en cambio de una cosa puede ser inferior a su valor en uso, en no importa qué proporción; pero que alguna vez pueda exceder del valor en uso implica una contradicción; supone que habrá personas que darán, por poseer una cosa, más del valor máximo que ellas mismas le atribuyen como medio para satisfacer sus inclinaciones*». (Mill, op. cit.)

En la teoría del valor pueden distinguirse dos corrientes en función de si el valor se asocia, para su determinación, con el *coste* de producción; o si, por el contrario, el valor se relaciona con la utilidad.

En primer lugar, encontramos la corriente objetiva fundamentada en que el valor se determina con el valor del coste de los factores productivos o esfuerzos de producción. En consecuencia, la utilidad no es la medida del valor de cambio, aunque resulte esencial para el mismo:

«Las cosas que tienen un gran valor de uso con frecuencia poseen poco o ningún valor de cambio. El aire y el agua son sumamente útiles, de hecho, son indispensables para la vida, y sin embargo en circunstancias normales no se puede obtener nada a cambio de ellos. El oro, por el contrario, aunque su utilidad es pequeña comparado con el aire o el agua, se intercambiará por una gran cantidad de otros bienes». (Ricardo, Ed. 1817).

Asimismo, esta corriente objetiva se centra en considerar al valor en el concepto de relación de intercambio. El valor es entendido en un término relativo. El valor de un bien guarda relación con otros bienes, de forma que su valor no se puede obtener de forma independiente o aislada del resto de bienes:

«El vocablo valor, cuando se usa sin ningún atributo, quiere decir siempre, en economía política, valor en cambio. [...] Entenderemos siempre por precio de una cosa su valor en dinero; por valor, o valor en cambio de una cosa, su capacidad general de compra; el dominio de su posesión concede sobre todas las mercancías. [...] El concepto de valor general en cambio se origina en el hecho de que existen realmente causas

que tienden a alterar el valor de una cosa a cambio de otras cosas en general, esto es, de todas las cosas sobre las cuales no actúan causas con tendencia similar. [...] El valor es un término relativo». (Mill, op. cit.)

«Evaluar una cosa es declarar que debe ser estimada tanto como cierta cantidad de otra cosa que se designa. Cualquier cosa, a condición de que tenga un valor, puede servir de término de comparación. [...]La evaluación es vaga y arbitraria mientras no demuestre que la cosa evaluada suele estimarse como tanta cantidad de tal otra cosa. [...] Lo cierto es que un valor indiscutible es la cantidad de cualquier otra cosa que se puede obtener, desde el momento en que se desea, a cambio de aquello de lo que uno se quiere desprender». (Say, op. cit.)

Ahora bien, ¿qué ocurrirá con el valor a lo largo del tiempo?, ¿puede variar el valor? Mill afirma que el valor estará sujeto a las fluctuaciones de mercado (oferta y demanda) aunque puede existir una valoración temporal (entendida siempre en términos relativos) fruto de la acción del mercado pero que finalmente tenderá a un valor permanente, definida por Mill como valor natural.

«El valor de una cosa significa la cantidad de alguna otra cosa, o de cosas en general, por las cuales se cambia. Los valores de todas las cosas no pueden, por consiguiente, subir o bajar simultáneamente. No puede haber un alza o una baja general de valores.

Todo aumento de valor supone una baja o toda baja un aumento. [...] El valor temporal o de mercado de una cosa depende de la demanda y la oferta; sube cuando aumenta la demanda y baja cuando aumenta la oferta. Sin embargo, la demanda no varía con el valor, siendo por lo general mayor cuando el artículo es barato que cuando es caro, y el valor siempre se ajusta de forma que la demanda es igual a la oferta. [...] Además de su valor temporal o de mercado, las cosas tienen también un valor permanente, que puede llamarse valor natural, hacia el cual tiende a volver, después de cada variación, el valor de mercado; y las oscilaciones se compensan las unas con las otras de tal manera que, por término medio, las mercancías se cambian poco más o menos a su valor natural». (Mill, op. cit.)

La corriente objetiva, a su vez, se subdivide en función de los factores que la fundamentan. Estas teorías dependen de si el valor está sustentado exclusivamente en el valor del trabajo o si, por el contrario, está basado en el coste de producción. Como máximos representantes de la corriente objetiva basada en la teoría del valor de trabajo encontramos a Smith, Ricardo y Marx.

«El precio real de todas las cosas, lo que cada cosa cuesta realmente a la persona que desea adquirirla, es el esfuerzo y la fatiga que su adquisición supone. Lo que cada cosa verdaderamente vale para el hombre que la ha adquirido y que pretende despren-

derse de ella o cambiarla por otra cosa, es el esfuerzo y la fatiga que se puede ahorrar y que puede imponer sobre otras personas». (Smith, op. cit.)

«[...] el trabajo es el fundamento de todo valor, y que la cantidad relativa de trabajo es casi exclusivamente lo que determina el valor relativo de las mercancías. [...] El valor de cambio de las mercancías producidas estará en proporción al trabajo invertido en su producción, no solo en su producción inmediata sino en todos los instrumentos o equipos necesarios para ejecutar la labor específica a la que fueron aplicados. [...] Siempre que hablamos, pues, de mercancías, de su valor de cambio y de las leyes que regulan sus precios relativos, nos referiremos solo a los bienes cuya cantidad puede ser incrementada gracias al ejercicio de la actividad humana, y en cuya producción la competencia opera sin restricciones». (Ricardo, Ed. 1817).

En referencia a la corriente objetiva del valor sustentada en la teoría del valor como costo de producción encontramos como máximos representantes a Say, Senior y Mill entre otros.

«*El valor natural de algunas cosas es un valor de escasez; pero la mayor parte de las cosas se cambian las unas con las otras naturalmente en proporción de sus costos representativos de producción, o lo que puede llamarse su valor de costo. [...] Las cosas que tienen de manera natural y permanente un valor de escasez son aquellas cuya oferta no puede aumentarse en modo alguno o, por lo menos, no lo suficiente para satisfacer la totalidad de la demanda que existiría por las mismas a su valor de costo.* [...] *El valor natural es sinónimo de valor de costo, y el valor de costo de una cosa quiere decir el valor de costo de la parte más costosa de la misma.* [...] *El costo de producción lo forman diversos elementos, algunos de los cuales con constantes y universales y otros accidentales. Los elementos universales del costo de producción son los salarios del trabajo y las ganancias de capital».* (Mill, op. cit.)

En segundo lugar, encontramos la corriente subjetiva que identifica a la utilidad como determinante exclusivo del valor. Los mejores representantes de esta corriente serían Jevons, Menger y Walras, entre otros.

Jevons: «[...] *en el uso de la palabra "valor", se confunden habitualmente tres significados distintos, que precisan ser distinguidos: 1. Valor en uso = utilidad total; 2. Estima = grado final de utilidad; 3. Poder adquisitivo = relación de intercambio».* «[...] *prescindiré por completo del uso de esta palabra* ("valor")» «[...] *necesitaré referirme al tercer significado, a menudo llamado por los economistas "valor de cambio" o "cambiario", utilizaré la completamente e inequívoca expresión "relación de intercambio"».* «*"Relación" es indiscutiblemente el término científico correcto, y* el único que es estricta y enteramente correcto». «El valor es en este sentido una relación entre la cantidad de una mercancía y la cantidad de alguna otra mercancía intercambiada por ella». «Cuando utilicemos la palabra "valor" en el sentido de "estima" o "urgencia del deseo", [...] el significado de la palabra es idéntico a "grado de utilidad"». «Finalmente, el valor de uso de Adam Smith, o utilidad total». «Pero, aunque el trabajo nunca es la causa del valor, es en una gran proporción de casos la circunstancia determinante, y de la manera siguiente: El valor depende únicamente del grado final de utilidad. ¿Cómo podemos variar entre grado y utilidad? Teniendo más o menos mercancía para consumir. ¿Y cómo conseguiremos más o menos de ella? Gastando más o menos trabajo en obtener suministro». «Sostengo que el trabajo es esencialmente variable, de forma que su valor debe determinarse por el valor del producto, no el valor del producto por el valor del trabajo».

En la teoría del valor de Menger (Ed. 1871), contenida en su obra *Principios de economía política*, se diferencian dos tipos de bienes, los que son económicos y los que no lo son. La característica básica para realizar esta clasificación se basará en la condición de disponer de cantidades de bienes determinadas para la satisfacción de una necesidad. Es decir, que tanto los bienes económicos como los no económicos tienen una utilidad para el hombre, pero solo en el caso de los económicos dicha utilidad queda condicionada a una cantidad de bienes determinada. Por tanto, será en este último caso de bienes económicos, solamente, cuando podremos relacionarlos con el concepto de valor.

El bien económico tiene la particularidad de que su posesión implica satisfacer una necesidad y, debido a esto, a ese bien le otorgamos un valor. Menger continúa aclarando que el valor no es algo propio e inherente de los bienes, no corresponde a características propias de los mismos, o es algo independiente. El valor de los bienes económicos está determinado por el significado que tienen para el agente económico, en virtud de la capacidad que otorga su posesión o disposición para cubrir sus necesidades. El valor, por tanto, no emana del propio bien, sino que el valor radica en la percepción que tenga el agente económico sobre el bien y en cómo su disposición satisface sus necesidades. Como señala Menger sobre el valor:

«[...] *es un juicio que se forman los hombres sobre la conservación de su vida o, respectivamente, de su bienestar*».

Por tanto, la razón de las diferencias en el valor de un mismo bien radicará en una distinta percepción o significación de la magnitud de las necesidades cubiertas.

En este juicio del valor se deben distinguir dos realidades: por una parte, la realidad objetiva que supone el propio bien en sí o las cantidades de bienes disponibles; pero, además, existe una realidad subjetiva, ya que una misma cantidad de bienes puede otorgar diferente significación a cada individuo en base a cómo y en qué medida satisface sus propias necesidades, otorgándole de esta forma una valoración, y que puede ser perfectamente diferente a la valoración realizada por otro individuo sobre ese mismo bien.

En la corriente subjetiva, el valor tiene su fundamento en las necesidades satisfechas. A este respecto, Menger identifica tres tipos de necesidades que el ser humano pondera en busca de satisfacerlas:

«[...] aquellas que son de suma importancia para la conservación de sus vidas, otras elevan en grado considerable su nivel de bienestar y, finalmente, otras lo elevan en menor medida, hasta llegar, por último, a las que aportan un pequeño y breve placer».

Para Menger, este impulso y esfuerzo por cubrir las necesidades lleva consigo la consecución de la actividad económica. La diferencia en la magnitud del valor de un bien dependerá de cómo y en qué medida cada individuo requiere cubrir una determinada necesidad para, posteriormente, averiguar qué cantidad de un bien determinado es necesario disponer para satisfacer esa necesidad en concreto. Por ello, la medida de dos conceptos claves infiere la parte subjetiva en la magnitud del valor: a) la ponderación de la necesidad a satisfacer y b) la cantidad disponible del bien.

La medida de estas dos variables supondrá que un mismo bien pueda tener distinta valoración para distintos agentes económicos o llegue a ser totalmente opuesta o contradictoria. De igual manera, a lo largo del tiempo, un mismo agente económico podría llegar a ver modificada su percepción del valor de un bien o, incluso, llegar a desaparecer si se vieran alteradas las circunstancias iniciales que le llevaron a esa significación del valor.

Pero ante la cuestión de si, en cierto modo, siempre existirá un valor intrínseco del bien en base al esfuerzo o factor trabajo que han intervenido en su elaboración, Menger aclara:

«Y así, en la vida práctica, nadie se pregunta por la historia del origen de un bien, para valorarlo solo tienen en cuenta el servicio que pueden prestar o al que habría que renunciar caso de no tenerlo. Y así, no pocas veces, bienes en los que se ha empleado mucho trabajo no tienen ningún valor y otros en los que no se ha empleado ninguno lo tienen muy grande. Puede ocurrir también que tengan un mismo valor unos bienes para los que se ha requerido mucho esfuerzo y otros en los que el esfuerzo ha sido pequeño o nulo. Por consiguiente, las cantidades de trabajo o de otros medios de producción empleados para conseguir un bien no pueden ser un elemento decisivo para calcular su valor. Es indudable que la comparación del valor del producto con el valor de los medios de producción empleados para conseguirlo nos enseña hasta qué punto fue razonable, es decir, económica la producción del mismo. Con todo, esto solo sirve para juzgar

una actividad humana perteneciente al pasado. Pero respecto del valor mismo del producto, las cantidades de bienes empleadas en conseguirlo ni tienen ninguna influencia determinante, ni necesaria, ni inmediata».

En cuanto a la relación existente entre el precio y el valor de un bien, Menger señala la posibilidad de que pueda haber errores en la valoración de los bienes. Errores que derivarán de una mala medición de los dos elementos o conceptos claves antes mencionados y que resultarán en la subjetividad del valor: una errónea percepción tanto de la cantidad disponible de bienes como de la significación y ponderación de las necesidades que deben cubrir la disposición de esos bienes. Otro error puede derivar de la intención de considerar que existe un valor intrínseco en el bien por el simple hecho de que para su producción haya sido necesario el empleo de otros bienes valiosos. Pero este razonamiento no es extensible para otros bienes naturales obtenidos de forma espontánea y sin que intervengan factores productivos como puede ser el suelo:

«[...] se advierte que el valor que tiene para nosotros, en el momento presente, la totalidad de las cantidades complementarias de bienes de orden superior (es decir, la totalidad de materias primas, fuerzas laborales, utilización de terrenos, máquinas herramientas, etc.) necesarias para la producción de un bien de orden inferior o del primer orden tienen su medida o del primer orden, tiene su medida en el valor previ-

sible del correspondiente del producto. En el cálculo de este valor debe incluirse no solo los bienes de orden superior requeridos para la producción técnica, sino también la utilización del capital y la actividad empresarial, ya que son condiciones previas tan absolutamente indispensables para toda producción económica de bienes como puedan serlos los ya mencionados requisitos técnicos. Por consiguiente, el valor que tienen de suyo en el momento actual los elementos técnicos de la producción no es igual al valor previsible del producto, sino que se regula siempre de tal modo que quede abierto a un margen para el valor de utilización de capital y de la actividad empresarial».

Para complicar todavía más el debate, existe la cuestión de si un activo digital intangible como el bitcoin tiene valor a pesar de su muy poco difundido uso en la economía real. Los partidarios de esta criptodivisa dirían que el mero hecho de ser escaso o de limitada emisión monetaria (21 millones máximo de bitcoins en circulación) lo hace valioso, llevando al extremo la teoría de la escasez frente al valor de uso. A decir verdad, los autores plantean serias dudas: por muy escaso que sea un activo, si no tiene ningún uso porque, por ejemplo, surjan nuevas tecnologías que dejen al bitcoin obsoleto, el valor de la criptodivisa sería prácticamente 0, aunque con toda probabilidad retendría algún valor como objeto de «colección» de manera similar a otros activos no en circulación como, por ejemplo, los sellos o las monedas que ya no son de curso legal.

Por tanto, en lo que al tema del valor respecta, la teoría económica, ya desde su nacimiento como ciencia, se enfrenta a muy diversas concepciones: para unos economistas existe esa diferencia entre valor y precio (dualismo); para otros existe solo el precio (monismo); mientras que otros diferencian varios tipos de valor (valor de uso, valor de cambio…). Para que haya burbujas se tiene que creer en una visión dualista, es decir, se debe partir de la existencia de un valor intrínseco separado del precio. Esta idea se traduce en el uso del análisis fundamental como herramienta básica de inversión y análisis.

Además, no vale con esa diferencia de valor y precio; hay que añadir:

- que la diferencia debe de ser sustancial;
- que se forme y se deshaga en muy poco tiempo.

No por muy repetido deja de ser un excelente ejemplo la evolución de Terra. Salida a bolsa a 11,81 euros el 17 de noviembre de 1999 y máximos a 157 euros el 14 de febrero, en menos de 2 meses la cotización había multiplicado por más de 14 veces.

Resulta evidente que hubo una mala valoración; los analistas sobrestimaron las posibilidades de una em-

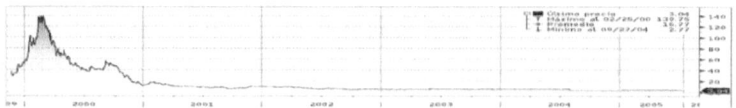

presa creada poco tiempo antes de la OPV en un momento en el que, además, había muy poca oferta de este tipo de valores en la bolsa española.

Es obvio que la diferencia de valoración fue muy sustancial, teniendo en cuenta que la empresa dejaría el mercado bursátil con una última cotización de 3,04 euros (casi un 75% menos del valor de salida).

La burbuja se formó en apenas 2 meses y, en el plazo de un año, la empresa estaba a todas luces por debajo de su precio inicial; la formación y destrucción de la burbuja había sido enormemente rápida.

El último aspecto dentro de la definición de burbuja se corresponde con el autoconvencimiento de los inversores de que podrán vender más caro por mucho que haya subido el valor. De hecho, la bolsa casi nunca se mueve por noticias (salvo que estas sean totalmente inesperadas) sino por el «sentimiento del inversor» que no siempre sigue la racionalidad que a veces se le supone, lo que puede ser aprovechado por algunas empresas para mejorar su *performance* bursátil, como afirman Sonnemann y otros (Ed. 2013).

Yendo más allá de la definición propuesta, la pregunta es: ¿se puede llegar a saber lo que valen las cosas? Y, de ser así, ¿se debe vender una acción si su precio de mercado es superior al valor? Preguntas que ya hace casi dos mil años preocuparon a un pensador de la talla de Séneca. Pues bien, el filósofo afirmaba que la razón «decide» sobre el valor de las cosas. Esto es, cada persona da un valor distinto a las cosas que posee. Tantas páginas escritas sobre bolsa y... para gran sorpresa, el gran pensador cordobés nacido cuatro años antes de nuestra era, ya había dado una respuesta de plena actualidad. El valor es discutiblemente objetivo y, por tanto, harto difícil calculable.

Si no hay posibilidad de cálculo del valor ¿es posible que existan burbujas? Pues parece ser que sí. Retomando el ejemplo de Terra, no era posible saber si debía valer 10, 20 o 30 el día de la OPV, pero sí se puede afirmar que no podía valer 157 euros pues eso la hubiera hecho más valiosa que empresas que aportaban mucho más a la economía que la propia Terra.

En nuestra opinión, se debe mantener un criterio escéptico, en el sentido exacto de la palabra, tal y como explica Smith (Ed. 2007), que proviene del griego y que en su forma verbal quiere decir «mirar, observar, indagar». Pirrón, el primer gran filósofo escéptico, nos invitaba a pensar por nosotros mismos cualquier teoría filosófica para darnos cuenta de que ninguna es verdadera o falsa. Algo parecido ocurre con la bolsa. Que un analista diga que una acción vale 20 y otro 40 no quiere decir nada *per se*, ninguno tiene razón; lo importante es investigar cómo se ha realizado el análisis y, posteriormente, que reflexionemos nosotros sobre si este análisis puede ser correcto o no.

Las cosas no tienen un valor abstracto, sino que valen algo para alguien en un momento concreto. Este relativismo que impulsa el escepticismo y el pensar por nosotros mismos, tan propio de esta corriente filosófica, será muy útil para afrontar inversión y desinversión.

Muy curiosamente, desde una perspectiva escéptica podrá aceptarse con mayor facilidad que las burbujas financieras no son sino representaciones de esta gran realidad: una persona compra acciones, por muy altas que se encuentren, en el convencimiento de que valen lo que paga porque se aferra a las opiniones de los analistas que más le convienen.

Si reflexionamos, en el propio día a día, seguro que el lector alguna vez ha pagado una cantidad desorbitada por un capricho, por un recuerdo de los buenos momentos que le ha proporcionado un viaje, con la casi total certeza de que está pagando demasiado... está en una burbuja... a una pequeña escala.

La teoría económica ha conseguido incluso modelizar este comportamiento. Por ejemplo, la teoría del premio nobel de economía en 2002, Vernon Smith, realizó numerosos experimentos con participantes que, en lugar de preferir invertir en acciones que pagaban altos rendimientos por dividendos, preferían la especulación bursátil de acciones más arriesgadas. Para su sorpresa, en casi todos los experimentos se producían burbujas. Vernon (Ed. 1964).

Parece evidente que el inversor prefiere buscar rentabilidades a corto plazo (algo que no se puede garantizar con la renta variable) y esto le lleva a buscar inversiones especulativas que puedan proporcionársela. Al ser humano le cuesta planificar a futuro, prefiere mil veces el humo que ofrece una acción especulativa a los fundamentos sólidos de una inversión a largo plazo porque, para muchos inversores, el largo plazo está fuera del horizonte de inversión deseado.

En este punto conviene reflexionar un poco. Se presupone, a ciencia cierta, una doble culpa: por un lado, los emisores pueden inflar la burbuja con noticias sesgadas, y también los estados o los bancos centrales pueden favorecer la aparición de estos comportamientos irracionales pero, en el fondo, incluso el inversor es responsable porque, en muchas ocasiones, invierte en activos a sabiendas de su mala calidad, simplemente especulando con unas rentabilidades rápidas. *Corrupción*, *Codicia* e *Irracionalidad* son tres palabras muy importantes para entender las burbujas.

En el mayor mercado bursátil tecnológico, el Nasdaq, existen abundantísimos ejemplos de empresas que han vivido burbujas financieras; tal vez la propia complejidad al valorar estas empresas y su incierto crecimiento las coloca en una situación verdaderamente propicia para la formación de burbujas. Un ejemplo claro, en enero de 2021, es Amazon que, de acuerdo al consenso de mercado, cotiza a un PER de cerca de 100 (es decir, harían falta unos cien años para recuperar la inversión vía beneficios) o a un precio/valor contable de 20 veces. Sin embargo, para muchos inversores la moda de invertir en un líder tecnológico combinado con los abundantes vaivenes de la cotización la hacen sumamente atractiva, aunque observando su gráfico hay pocas dudas de la existencia de una burbuja.

El caso de Amazon es en particular interesante: los inversores, con razón, la premiaron durante los duros momentos del confinamiento porque eso propulsó

el negocio y sus beneficios pero, claro, lo hicieron de tal modo que la colocaron en una situación en la que para justificar sus ratios valorativos tendría que crecer mucho aunque, no obstante, su crecimiento debería ralentizarse porque gran parte se explicaba debido a la pandemia. Este es un perfecto ejemplo de expectativas irracionales. Amazon es una gran empresa, pero las previsiones que justificarían su actual valor en bolsa exceden de lo que puede acontecer en la economía.

Además, parece que el inversor puede repetir una experiencia de especulación con apenas unos meses de diferencia. Tal y como demostró Vernon (Ed. 1964), las burbujas se repetían con los mismos participantes aunque hubiese pasado un lapso temporal muy breve, si bien es cierto que, tras dos episodios de pérdidas por especulación, los inversores aprenden a la tercera burbuja que se forma en la que ya se muestran más conservadores.

Cabría decir que este tipo de comportamiento bursátil se puede aproximar mucho a la teoría psicológica de la profecía autocumplida: si todo el mundo cree en algo hará lo máximo posible para que dicha profecía se cumpla y poder así afirmar: «¿Ves?, ya te lo dije».

Si en la calle se pregunta a alguien que posee acciones invertidas en bolsa, seguro que responderá «la bolsa subirá». Siempre predominan los optimistas entre los inversores, a menos que la situación sea objetivamente tan mala que sea imposible mantener el optimismo bursátil. Dos ejemplos ilustrarán esta afirmación:

Cuando la compañía Zeltia decidió comenzar con la investigación farmacológica, hubo muchos analistas que se interesaron por ella y valoraron las oportunidades que ofrecía su enfoque (investigar los posibles compuestos farmacológicos presentes en las algas marinas). Sin embargo, era un negocio a largo plazo no exento de riesgos.

Si uno observa la evolución del valor:

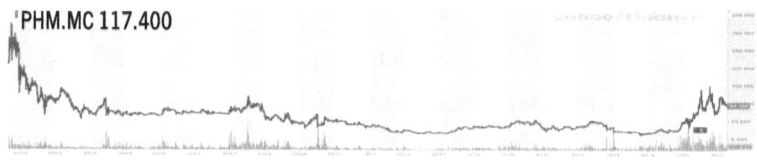

Es un típico ejemplo de burbuja bursátil: el valor entre 1998 y 2001 subió como la espuma hasta puntos difícilmente justificables bajo ninguna teoría valorativa. De hecho, esta empresa llegó a estar presente en el IBEX y a tener una capitalización bursátil superior a la de empresas que comercializaban productos análogos a los que ella intentaba desarrollar.

No deja de ser curioso, y es un fenómeno recurrente en las burbujas, que haya empresas consolidadas que valen menos que aquellas que todavía no han desarrollado los productos que competirán con las empresas ya presentes en el mercado. En la prensa especializada aparecían valoraciones de Zeltia en función de lo que vendían sus futuribles competidores. Curiosa manera de valorar, no en función de lo que haces sino de lo que está vendiendo alguien ya presente en el mercado y que se convertirá en el futuro en tu competidor. ¿No sería más apropiado, al menos, dividir la cuota entre las dos empresas? La racionalidad no aplica cuando se trata de burbujas bursátiles.

Parece evidente que, a partir del 98, los inversores se autoconvencieron de que Zeltia iba a alcanzar un rápido desarrollo en sus investigaciones, a comenzar la venta (o a pasar la patente a un tercero) y a obtener importantísimas plusvalías con su negocio; solo así se explica que el valor multiplicara por 19 su cotización en tres años.

Muy probablemente, si se analiza la evolución de Zeltia desde sus inicios, se puede afirmar que ha sido una buena inversión al multiplicar su valor por casi 20 veces en menos de veinte años. Al final, a largo plazo, el valor ha vuelto a la racionalidad, pero a todos aquellos que invirtieron en el momento de la burbuja les resultará casi imposible recuperar sus inversiones en un plazo razonable. Un consejo es claro: hay que huir de las burbujas bursátiles; una muy buena revalorización de un valor debe ser un excelente indicio para desinvertir y llevar ese dinero a otros activos. A modo de ejemplo, si el inversor se hubiera conformado con un 100 % de rentabilidad, habría tenido múltiples oportunidades de salir de la inversión.

En alguna ocasión se ha refutado este consejo de salir «pronto», en el momento en el que se identifica una burbuja, porque puede haber motivos para que esta continúe. Bien; pues una forma de actuar prudente sería que cada vez que el valor doble, si se piensa que puede continuar con la subida, vender la mitad de la inversión. Esto permitirá que el resto de la inversión no vendida tenga un precio real de 0 (ya se ha recuperado la inversión). Es una manera sencilla, la contraria a la de doblar posición cuando el valor baja, pero con la enorme diferencia de reducir el riesgo real a 0 % (no hay inversión al invertir lo ya ganado).

Esto es una recomendación prudente. Se trata de desinvertir cuando se identifique un comportamiento anómalo en una acción: si uno esperaba ganar un 30 % con una inversión y el valor en muy poco tiempo está por encima de esa revalorización, lo lógico es tomar beneficios y desinvertir.

En realidad, lo que suele ocurrir es justo lo contrario: uno lee un análisis y compra Zeltia, y se lo cuenta a sus amigos que, a su vez, se autoconvencen de que la investigación de las algas es la panacea... y así sucesivamente. Uno de los autores publicó una nota en 2000 desaconsejando la compra de estos títulos y fue increpado en prensa de manera pública. ¿Cómo osaba nadie intentar romper una profecía que iba a autocumplirse? Pues bien, finalmente y tras algunos problemas, el valor se desinfló llegando a valores más normales. Eso sí, la compañía ha sido una gran inversión bursátil durante más de veinte años pero, evidentemente, necesita tiempo para consolidar todos los procesos de investigación que son desarrollos a mayor largo plazo que lo que muchos inversores son capaces de asumir.

El fenómeno Zeltia demuestra que una burbuja tiende a repetirse dos veces. La empresa, ahora denominada en bolsa Pharma Mar, subió mucho como consecuencia de la crisis del coronavirus. En esta ocasión la justificación era que un compuesto pensado para el tratamiento de algunos tipos de cáncer podía valer para combatir la nueva enfermedad. Eso sí, haría falta una larga investigación. El valor multiplicó por cuatro en semanas.

Lo cierto es que, una vez más, no tenía excesivo sentido: si existen vacunas, el mercado de la aplidina, el compuesto que desarrollan, se reduce y, si no las hay, existen ya algunos remedios, y otros muchos en investigación más avanzada que los de la propia empresa en el mercado, por lo que difícilmente las optimistas previsiones podrían cumplirse.

En el límite, el que compra una acción en medio de una burbuja especulativa puede ser que lo único que espere es encontrar a alguien que pague algo más de lo que él pagó en un principio por esta acción. Esto quiere decir que, en muchas ocasiones, el participante en la burbuja es posible que ni siquiera tenga en cuenta factores fundamentales, puede que incluso no sepa a qué se dedica la empresa (es muy interesante el caso de Zeltia en el que gente de la calle se convirtió en verdaderos expertos en porcentaje de éxitos de fármacos contra el cáncer aun no existentes). La burbuja se pincha cuando se hace evidente que el título no va a cumplir las expectativas de rentabilidad.

El fenómeno de las profecías autocumplidas no solamente se circunscribe a la bolsa. Pensemos en el fútbol: es curioso cómo, antes de cada gran cita (mundial, europeo…), todos nos autoconvencemos de que nuestra selección va a ganar el título. Algunas veces la profecía se cumple, aunque para ello han de pasar décadas en las que el equipo no haya pasado de cuartos. Todo ello hace que se inviertan horas y horas viendo partidos delante de la televisión con la expectativa de que nuestra previsión se cumpla y, cuando se cumple, tras décadas de fracasos, uno podrá afirmar: «¡Ya lo dije yo!».

Por tanto, nosotros, en nuestra vida, también estamos autoconvenciéndonos a menudo de cosas que son difícilmente justificables. A veces, el fútbol es un buen ejemplo. La realidad es obstinada y, normalmente, la probabilidad es que incluso equipos como Brasil solo ganen el mundial cada doce o dieciséis años. Por tanto, comprar en bolsa y pensar que nuestra acción va a «ganar el mundial» puede ser más bien complicado. En bolsa no hay que esperar el pelotazo; tener esta mentalidad es exactamente lo mismo que apostar a que, por ejemplo, Egipto (con todo el respeto al fútbol egipcio) va a ganar el mundial con total seguridad.

Otro ejemplo muy interesante es Colonial, si el lector observa el siguiente gráfico.

El valor había sextuplicado su valor en poco tiempo para, de repente, en apenas un mes, en 2008 pasar a perder 4/5 de su valor y, en 2011, prácticamente el

Inmobiliaria Colonial SA, Spain, Madrid (CFD):COL,

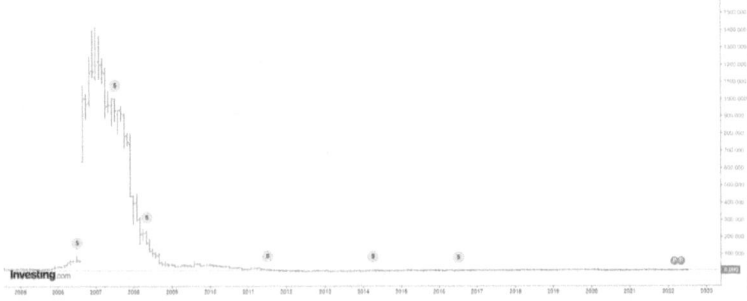

99 % con respecto a sus máximos. ¿Cómo es posible que nadie hubiera advertido de los riesgos de un excesivo endeudamiento que amenazaba la estabilidad de la empresa? Lo que sí parece claro es que la burbuja era sólida, que se fraguó desde 2004 hasta 2007, y costó más de un año que explotara. En una primera fase (principio-mediados de 2007) salieron aquellos inversores mejor informados, mientras que, con posterioridad, saldrían los que seguían confiando en que el valor «no bajaría más».

Este comportamiento también es típico en las burbujas bursátiles: si uno piensa que va a obtener grandes rentabilidades en un valor, antes de contárselo a nadie, comprará, y luego intentará convencer a todos sus amigos de las bondades intrínsecas de su nueva adquisición; sin embargo, si uno piensa que el valor va a bajar y ha sufrido rentabilidades negativas, no corre al bar más cercano a contarle a sus amigos lo malo que es invirtiendo en bolsa. Por desgracia, la diseminación de la información no es la misma en todas las fases de la burbuja. Así pues, desconfíe cuando todos sus amigos le hablen de la posibilidad de forrarse con el mismo valor.

Este aspecto es similar a los «chivatazos» en las carreras de caballos. De repente, corre el rumor de que tal o cual caballo pueden ganar a pesar de su mal historial. Parece claro que hay que ser precavidos, alguien puede estar intentando que apostemos en un sentido para poder obtener más apostando a otro caballo. Sin embargo, el «inversor» en el hipódromo actuará de manera similar fiándose mucho más de este rumor que de lo que aparezca en las estadísticas oficiales.

Ante este tipo de conductas, que a pesar de estar penadas son muy difícilmente demostrables, en el que un departamento de análisis sube la recomendación de un valor, ¿quién puede asegurarnos que no es para intentar mejorar un precio de venta, o simplemente porque tiene a muchos clientes que ya han invertido en ese valor? Por no hablar de los famosos rumores, incluso promovidos por empresarios; el más evidente es Elon Musk que, antes de ser apercibido y finalmente multado por la SEC, esparcía rumores sobre todo tipo de noticias todavía no publicadas sobre Tesla.

El gran problema de las burbujas es que no se puede saber ni cuánto tiempo durarán, ni si habrá una noticia que provocará un hundimiento del valor. Por tanto:

El primer consejo de este libro es, precisamente, que evite entrar en burbujas especulativas y, si está ya metido en una, venda cuando obtenga una rentabilidad aceptable (recuerde el refrán que dice «El último euro que lo gane otro»), y si el valor comienza a caer no espere a que se recupere, siga al mercado y venda porque los periodos de recuperación de la inversión pueden ser infinitos (Terra nunca recuperará los 157 o tan simple como que el valor puede desaparecer).

Esta recomendación es importante seguirla en las dos direcciones: salirse en cuanto se cumplan las expectativas de rentabilidad, pero también si se producen bajadas relevantes. No espere a que el tiempo lo arregle, piense en los ejemplos comentados hasta ahora en este libro, como el de Colonial, que son valores que tardarán décadas en volver a los niveles que tenían antes de que pincharan sus burbujas, y eso si lo consiguen alguna vez.

La gran lección de este principio es la que sirve para fundamentar el análisis técnico: si existe una tendencia claramente identificada, sígala, no intente ser más listo que la mayoría porque, probablemente, la mayoría tendrá más información que usted. Para hacer esto tiene que diferenciar entre rumor e información. Si alguien le dice algo sobre un valor (un conocido, o un asesor que hace referencia a lo que se comenta sobre una acción), desconfíe (sea escéptico en sentido propio), si quiere use su intuición (pero la suya propia, no la de otros) y atienda a la información objetiva que haya sobre el valor (que es también el sentido propio del escéptico), y todo esto le permitirá escapar de burbujas (con los números en la mano no habría invertido, por ejemplo, en Zeltia o la CAM).

En opinión de los autores, una posibilidad para comprender cuándo estamos ante una situación de burbuja valorativa sería usar la teoría de expectativas racionales de Lucas. Los inversores, según el premio nobel, tienen la habilidad de generar expectativas racionales por lo que las burbujas serían procesos en los que se rompería esta norma y, por lo tanto, sus previsiones serían irracionales bajo cualquier prisma.

Esta irracionalidad tendería además a repetirse y perpetuarse en el tiempo autoalimentando expectativas que, para muchos, parecerían sostenibles dado que el exceso valorativo ha sido persistente.

CAPÍTULO 2
EL FRAUDE

El papel nocivo de las instituciones públicas en la creación de burbujas: el fraude.

Olvidamos, demasiadas veces, que los mercados financieros no son sino creaciones humanas en las que interactúan personas que cometen errores, que invierten de manera irracional y que pueden tender hacia comportamientos fraudulentos tipificados en el Código Penal, sobre todo si adquieren mucho poder y no se sienten correctamente supervisadas y controladas.

En suma, la intervención de estos «jugadores» genera imperfecciones en los mercados. Las burbujas financieras no son sino momentos de extremada irracionalidad de los mercados que ocasionan valoraciones que no pueden explicarse de ningún modo desde la aplicación de ningún modelo financiero.

Conviene entender, antes de nada, que no son solo los inversores particulares los que, con su comportamiento poco reflexivo, provocan burbujas que al explotar degeneran en una crisis bursátil o, peor aún, en importantes ralentizaciones económicas. Los poderes públicos también contribuyen, ¡y de qué manera!, a su nacimiento, desarrollo y posterior final catastrófico. De hecho, históricamente está más que comprobada ya no la buena gestión pública de una crisis o una burbuja, sino que desde la Administración y las instituciones se contribuye decisivamente a su origen y ulterior desarrollo.

En general, hay tres ámbitos que, dado lo que nos es conocido, se repiten de manera sistemática:

a) La excesiva liquidez

Las burbujas casi siempre se producen en un entorno de bajos tipos de interés y excesiva masa monetaria, cuando los Estados están muy endeudados y los tipos se mantienen de manera artificial bajos; esto impulsa a los inversores a comprar bolsa ante la falta de alternativas. Las crisis de 2008 y 2020 son ejemplos arquetípicos de esta situación.

b) La prohibición de las posiciones cortas

Existe un absurdo consenso entre nuestros gobernantes, en los medios de comunicación, en tertulias, incluso en las especializadas, y en el personal de a pie de calle, de que vender en corto genera especulación (como si el exceso de dinero no generara excesos valorativos al alza). Cuando hay una crisis bursátil una de las primeras medidas suele ser prohibir este tipo de operaciones. Esto es no entender los principios fundamentales que rigen una disciplina científica y profesional denominada, en términos anglosajones, *Financial Risk Management*, que se ha desarrollado espectacularmente desde los años noventa del pasado siglo hasta la actualidad, interaccionando en la actualidad con la digitalización, el *big data*, la inteligencia artificial y otros aspectos.

c) La hiperregulación y/o la regulación errónea y contraproducente
También los poderes públicos generan burbujas con sus regulaciones fomentando algunos negocios por encima de otros (en España, las burbujas inmobiliarias o la de las renovables).

Veamos, a través de varios ejemplos, la mala gestión, en ocasiones concretas, de las instituciones públicas:

La burbuja de Augusto
Las instituciones de la República estaban muy bien asentadas en Roma por lo que el emperador tuvo que esforzarse para conseguir el apoyo popular; veamos si le suenan las siguientes medidas:
1) Hubo enormes subvenciones, sobre todo a los ciudadanos de la capital, acompañadas de un fuerte incremento de las actividades lúdicas (también bastante familiar resulta aquello de «pan y circo»; es tan antiguo como la existencia del estado organizado).
2) La consecución de créditos se relajó de manera notable;
3) Se impulsó, además, un programa de obras públicas como nunca se había llevado a cabo.
Al mismo tiempo, el crecimiento de la ciudad de Roma creó una burbuja inmobiliaria de un tamaño colosal; la

clase media se enriqueció gracias a la mayor valoración de sus activos y tomaron decisiones de enorme riesgo como, por ejemplo, la especulación sobre terrenos o con esclavos (la avidez por la posesión de esclavos llevó a la esclavitud a más de un tercio de la población que vivía dentro de las fronteras del Imperio).

Cuando Tiberio llegó al poder apenas si quedaban 100 000 sestercios en las arcas del Estado; si hubiera habido una situación de emergencia difícilmente se podría haber soportado. Augusto llevó al límite la capacidad financiera del estado y su sucesor recortó la obra pública al menos en un 75 % y, claro, nadie quería las tierras y los esclavos en este nuevo entorno deflacionario, con lo que la resaca posterior fue simplemente brutal.

Este es solo un pequeño ejemplo. Nerón llevó la especulación inmobiliaria a extremos que harían parecer a Augusto un mero *amateur*; sí, las burbujas ya eran generadas por el sector público en la Antigüedad, y seguro que mucho antes del emperador Augusto hubo otros gobernantes que generaron este tipo de situaciones.

Las burbujas South Sea y Mississippi

Tal vez los mejores ejemplos de fraude a los inversores, provocados por el propio Estado, sean estas dos empresas.

Lo cierto es que la Compañía de los Mares del Sur fue una empresa británica que consiguió de la Corona española, en 1711, el monopolio sobre el comercio con las colonias españolas.

Hasta ahí todo bien. El Estado británico pidió a la empresa que emitiera 10 millones de libras en bonos del tesoro contra unas acciones que pagaban una renta perpetua al 6 %. El Reino Unido atravesaba una situación de altísimo endeudamiento por las diversas guerras acontecidas desde finales del siglo XVII y para el Estado esto se veía como una buena oportunidad de manejar el déficit público.

Es un fraude tremendo. El Estado da un monopolio, ficticio porque las sucesivas guerras con España harán imposible ejercer de manera real estos supuestos derechos de la empresa, a cambio de poder emitir deuda avalada con acciones que, a su vez, no valen nada porque no hay negocio alguno que las respalde.

No hace falta ser un lince de las finanzas ni haber pasado por Harvard para ver con cierto sentido común financiero que se trata de un esquema completamente fraudulento y avalado por el Estado. Frehen y otros (Ed. 2013) han explicado muy bien el proceso por el que se llega a esta burbuja.

«*The first innovation was financial engineering at a national scale. The Mississippi Company and the South Sea Company issued equity shares in exchange for government debt; in effect converting the national debt into corporate stock. This novelty appeared to be a new model for government finance: a heavily politically-influenced corporation that also had exclusive rights and patents to pursue other ventures.*

The second innovation was an incipient shift in global trade. Both of the companies were set up to exploit trade in the Americas. The Mississippi Com-

pany owned the Louisiana territory and the South Sea Company owned the exclusive right to export African slaves to Spanish America...

The third innovation was also financial. The first publicly traded insurance corporations were chartered in Great Britain 1720, as a result of the famous Bubble Act. As such, they represented a new model of capital formation and risk-sharing for maritime insurance firms in a nation built on maritime trade».

En su artículo New Evidence on the First Financial Bubble, los autores afirman -y es algo muy común en las burbujas- que los movimientos de precios no se forman porque sí, ya que debe haber una historia que vender, como es el caso de las tres grandes innovaciones, mencionadas en el artículo.

La burbuja no podía durar. En este sentido, es en 1718 cuando se rompen las relaciones entre Inglaterra y España. En lugar de que el Estado y la empresa contasen la verdad a los inversores, ambos empiezan a difundir mensajes cada vez más exagerados sobre el potencial de los negocios con América del Sur. Esto es muy habitual en los procesos de burbuja: mensajes poco o nada creíbles suelen acompañar a este tipo de comportamientos o, de otro modo, no se podrían justificar las valoraciones (mensajes de este tipo en Terra hace unos años o en Tesla que, para justificar su pico valorativo, tendría que ser prácticamente un monopolio, cosa poco creíble).

Para perpetuar el fraude, y dado que el Estado británico necesitaba continuar emitiendo deuda, seguía beneficiando a la empresa, aún a pesar de su nulo negocio actual o futuro. El Reino Unido propiciaba un engaño a los inversores permitiendo a la empresa seguir vendiendo un negocio que ya no existía. Esto no es muy distinto a vender un producto aun no desarrollado o bien una nueva tecnología no completamente probada. Las lecciones de esta burbuja son claras cuando uno compara lo acontecido con la crisis de 2008: la intervención estatal, ora promoviendo, ora prohibiendo determinados comportamientos bursátiles, es típica.

En este caso, la irracionalidad derivada de vender un negocio que no existe se combina con un supuesto aval estatal que se puede considerar responsable al mismo nivel que la propia empresa. El Estado inglés vende el potencial de un negocio, a sabiendas de que no tendrá lugar, a cambio de conseguir financiar con mejores condiciones en su deuda pública.

South Sea y Mississippi (un caso similar de la Corona francesa) ponen sobre la mesa otro aspecto que hoy en día es de máxima actualidad: la intervención del gobierno, de cualquier administración pública, en sí misma puede propiciar la burbuja, Reino Unido o Francia del siglo XVIII, permitiendo a estas empresas la difusión de mensajes exagerados, no es tan distinto de los países europeos encantados de poder financiarse a tasas negativas a costa de los ahorradores.

En este caso, el Estado sería lo que hoy llamaríamos «responsable civil subsidiario», permitiendo la garantía de unas emisiones de deuda en base a un negocio que simplemente no puede realizarse por la situación de guerra con España.

Sin embargo, se producirá un repunte espectacular de la acción (a pesar de que todos los indicios racionales estén en contra); en apenas cuatro meses, su cotización pasó de 128 libras a 550. Como son necesarias noticias para mantener la cotización, se anuncia a bombo y platillo la obtención de una licencia de exclusividad para el comercio en la zona referida y aún consigue llegar a 890 libras.

En este punto, sin apenas ninguna noticia relevante (esto también es típico de las burbujas, que se pinchan sin motivo aparente) algunos inversores deciden vender y la propia empresa recompra títulos en el entorno de 750 libras. La recompra de títulos todavía impulsaría una última subida hasta las 1000 libras; la burbuja estalló rápidamente (coincidiendo con la bajada de otros títulos similares). En apenas 6 meses, la cotización llegó a 100 libras arruinando a pequeños y grandes inversores que habían entrado influenciados por las enormes rentabilidades.

Es sintomático que los inversores acogieran con agrado la recompra de títulos por parte de la propia empresa, cuando hubiera debido ser un indicio de problemas en la cotización, pero ¿acaso en fechas recientes no se aplaude el hecho de que el Banco Central Europeo o la Reserva Federal recompre títulos de deuda de algunos países e incluso de algunas empresas, aunque esto suponga emitir dinero para comprar renta fija? O, dicho de otra manera, empeorar la calidad del balance del Banco Central y, por tanto, del euro y del dólar.

Aunque se inició una investigación por parte del gobierno inglés, llegando a procesar a los administradores por fraude, lo cierto es que apenas si hubo penas leves por apropiación indebida; el problema parece más profundo que la simple falta de escrúpulos de los administradores. La falta de control del gobierno inglés en el siglo XVIII puede relacionarse con todo lo acontecido en la actualidad. Solo a modo de ejemplo, muchos de los gestores de algunas de las empresas intervenidas en la crisis de 2008 (son notables los casos de algunas entidades financieras en EE. UU.) han seguido en sus cargos y, con la única excepción de Islandia, ningún alto cargo económico de los gobiernos ha sido procesado en la crisis iniciada en 2007. Aunque la South Sea parezca lejana, el comportamiento de algunos organismos públicos no lo es tanto. Clara corrupción por parte de algunos funcionarios

El caso francés es muy similar. En este caso, se trata de un economista llamado Law que ofreció sus servicios, en 1715, al regente Felipe de Orleáns. Este decide apoyar a Law permitiendo la creación de la Compañía del Misisipi que emite papel moneda respaldada por el oro francés; pues bien, en marzo de 1720 se produce la bancarrota del sistema que había ofrecido pingües beneficios a muchos al solicitar, dada la desconfianza de los inversores, el cambio de las acciones por oro (que ya no estaba en las arcas de la compañía) y la consiguiente bancarrota. ¿Acaso es tan distinto, por ejemplo, del fraude Madoff que vende unas participaciones en unos fondos que están vacíos y sin inversiones que la respalden?

En este suceso, el problema, aun siendo similar, es algo distinto y va a proporcionar una nueva lección: el exceso de papel no es bueno para la cotización de las empresas; el papel sin que exista un subyacente real no aporta ningún valor. El lector podrá argüir que este tipo de cosas ya no pasan en la actualidad, sin embargo ¿cuántas veces le han recomendado que compre tal o cual título porque va a haber una ampliación de capital y esto va a hacer que la acción suba? Tanto los gobernadores de la Reserva Federal desde Bernanke, como en el Banco Central Europeo desde la época de Draghi, y en la misma senda vemos a Lagarde, Powell y el resto de grandes mandatarios de bancos centrales como en Japón, China, Inglaterra, han tomado decisiones inauditas creando dinero para comprar bonos públicos e incluso privados. Básicamente, los gobiernos han podido emitir deuda sabiendo que el Banco Central compraría una buena parte. El problema es cuando medidas coyunturales de política económica anticíclica se vuelven estructurales, similares a cronificar un tratamiento médico con corticoides y antihistamínicos. Entonces comienzan los efectos secundarios, las consecuencias, un euro débil, un Banco Central con un balance que no es el más saneado y una sobrevaloración de la renta fija que amenaza con explotar con furia inusitada ya que la burbuja está ahí. Pero la experiencia histórica nos demuestra que dichas burbujas pueden aguantar mucho tiempo antes de que exploten, sobre todo porque son mantenidas en la «UCI» por parte de los bancos centrales que pueden estar a su vez también mantenidas, aunque no deberían, por los gobiernos de turno y su insaciable «apetito» de recursos financieros de endeudamiento a largo plazo tóxicamente combinado con control de los medios de comunicación para «adormecer» a la ciudadanía con «*panem et circenses*».

En el fondo, sigue siendo un asunto de mal uso de los cargos públicos (¿corrupción y/ o fraude de alto *standing* y sofisticación?). El que escoge los rectores económicos prefiere que se mantengan los tipos bajos y, por ello, escogen políticos *a priori* más sensibles a este pedido de tipos bajos (en el caso de Lagarde en BCE). El gran beneficiado es el sector público que puede financiar una deuda pública que de otro modo sería insostenible.

Pero la mayor época de creación de papel de forma artificial se produjo durante la época de la burbuja de Internet, cuando se hacían ampliaciones de capital para aprovechar el apetito de los inversores por este tipo de acciones. Sin embargo, los nuevos fondos propios, más que a necesidades reales de las empresas, en muchos casos, se debían a problemas de liquidez de las empresas, lo que acabó con muchas de ellas y, por tanto, con los ahorros de muchos inversores.

Huya de aquellas empresas que, en medio de grandes apreciaciones, deciden hacer cuantiosas operaciones de capital sin que exista una necesidad aparente. El espíritu de los Mares del Sur y de Misisipi no está tan lejos.

Las ICO (*Initial Coin Offerings*), que propugnan vender criptodivisas (*token*) y que previsiblemente un día servirán para comprar productos de una empresa, no presentan ningún tipo de cobertura jurídica si lo comparamos con otros activos financieros supervisados, por ejemplo, por CNMV, SEC o similar. Sin embargo, el supervisor lo está permitiendo sin ninguna de las garantías del resto de instrumento de inversión. Se crea dinero sin ningún tipo no ya de respaldo sino incluso sin uso actual.

La burbuja de la renta fija

Lo que ha ocurrido con la renta fija, no solo en España sino en toda Europa, ha sido simplemente difícil de creer. Los tipos de países con enormes déficits y deuda pública, como España, no han hecho sino caer, tal y como puede apreciarse en el siguiente gráfico:

Todo ello a pesar de que la situación de endeudamiento en España no hacía sino empeorar, pasando de un 30 % de deuda pública sobre el PIB a más del 100 % del PIB en una década.

En el caso del bono alemán a diez años, la caída de la rentabilidad también ha sido histórica, como se aprecia en el gráfico adjunto:

En una situación muy parecida se encontraría el bono japonés:

La política expansiva de la Reserva Federal también consiguió bajadas muy sustanciales en la rentabilidad de los bonos estadounidenses, sobre todo a raíz de la crisis provocada por el COVID-19.

Para poder justificar tamaña caída de los tipos de interés tendría que haberse producido una enorme mejora en la situación económica del país (menos inflación prevista, menor deuda, escasez de emisiones de deuda…), que no se ha constatado en ninguno de estos países. Ha sido la intervención, una vez más, de las entidades públicas, en este caso los bancos centrales, la que ha provocado uno de los ejercicios más espectaculares de irracionalidad financiera, al menos desde nuestra humilde opinión y en el contexto de una crítica constructiva simplificadora en términos divulgativos para que se tome conciencia del problema y su magnitud.

La situación es tan absurda, que un mercado bursátil como el español presenta una rentabilidad por dividendo que es un 600 % superior a la rentabilidad del bono español a largo plazo.

En algunos casos, como por ejemplo en España, para las letras hasta los 6-9 meses el Estado se está financiando por debajo del 0 % (junio de 2021); es decir, que los inversores están pagando al Estado español (recordemos, con una deuda superior al 100 % de su PIB) para que les «cuide» su dinero.

La idea de Draghi era, a través de la compra de bonos, permitir una inyección de dinero en la economía que acabara repercutiendo en una mejora del crédito. En realidad, lo que está ocurriendo es que, a través de la compra de deuda, fundamentalmente pública, las tasas han caído tanto y los gobiernos tienen tan fácil colocar la deuda a coste 0, o negativo, que las emisiones se han disparado.

Con esto se han conseguido una tormenta perfecta combinada de efectos perversos:

a) Desincentivar el ahorro; muy pocos perfiles están dispuestos a aceptar rentabilidades negativas. Es un absurdo financiero, se mire por donde se mire que, por cierto y lógicamente, justifica que en préstamos se pueda dar, o incluso exigir, un tipo de interés negativo para el prestamista y rentabilidad para el deudor, lo cual no deja de ser un cuadro maníaco-depresivo de irracionalidad y absurdos financieros concatenados que, no obstante, la parte fuerte de la relación contractual, con mayor cultura financiera y asimetría de información, puede utilizar en su propio beneficio y en perjuicio del consumidor, del ahorrador, del prestatario, de la parte débil de la relación contractual.

b) Propiciar una enorme volatilidad en el mercado de bonos, por momentos superior a la de la bolsa, y con varios años en los que la revalorización de la renta fija ha sido claramente superior a la de los índices de renta variable.

c) Reducir los periodos de emisión de la deuda púbica; en los plazos cortos los tesoros se están financiando a tasas negativas lo que ha propiciado un mayor recurso a esos plazos. Esto es «pan para hoy, pero hambre para mañana» porque obliga a mantener un elevado esfuerzo emisor por parte de los distintos estados.

d) Ha propiciado una falsa expectativa de seguridad en activos que se encuentran lejos de estar exentos de riesgos y que están cotizando como si fueran triple A.

¿El sector público genera Burbujas?
La respuesta que los autores del presente trabajo damos a la pregunta de si desde el sector público se propicia la génesis y el «engorde» de burbujas es que sí, y mucho más de lo que les puede parecer a nuestros queridos lectores.

Sí, rotundamente. Con toda probabilidad, es el mayor impulsor de las burbujas a través de los mecanismos en su poder como, por ejemplo, la máquina de crear dinero, la emisión descontrolada de deuda y otras lindezas financieras. Nos viene ahora a la memoria el irracional comportamiento de la Reserva Federal de EE. UU., en los preludios y comienzo de la Gran Depresión de finales de los felices años 20 y la procelosa década de los 30 que culminaron con la guerra civil española y la Segunda Guerra Mundial. Y decimos esto porque la Reserva Federal creyó estúpidamente que lo que ocurría en las Bolsas disparadas y con cotizaciones infladas era producto de los siempre malvados especuladores, por lo que, siguiendo su lógica financiera perversa, había que subir los tipos de interés para que los ominosos especuladores no pudieran pedir tanto dinero prestado para seguir ganando dinero a corto plazo. Pues bien, esa subida de tipos de interés fue ya la bomba atómica financiera que disparó aceleradamente la recesión, la ruina de muchas empresas y particulares, y un desplome bursátil apocalíptico, destruyendo en un breve período la riqueza e ilusión financiera de muchas familias humildes que creían en la ola de felicidad que les prometían los mercados, los *brokers*, los medios de comunicación y los gobiernos echando gasolina al fuego con sus tipos de interés bajísimos y el mercado inundado de liquidez.

También la existencia de regulaciones que incentivan unos sectores frente a otros o prohíben, por ejemplo, que quienes piensen que el mercado va a bajar puedan actuar (venta en corto) acaban impulsando algunos valores muy por encima de los niveles sensatos.

CAPÍTULO 3
LA CODICIA

No nos engañemos: los sectores públicos ayudan a la generación, pero sin la codicia de los que creen en sus argumentos... nunca se producirían

Como se indicó en el capítulo dedicado al concepto de burbuja, desde el punto de vista de la teoría económica es algo meridianamente claro: el premio nobel de economía en 2002, Vernon Smith realizó numerosos experimentos con participantes que en lugar de preferir invertir en acciones que pagaban altos rendimientos por dividendos, optaban por la especulación bursátil de acciones más arriesgadas. Para su sorpresa, casi en todos los experimentos se producían burbujas, Vernon (Ed. 1964).

Esto es muy importante de cara a entender las burbujas. El inversor en South Sea, el acaparador de terrenos de la época de Augusto o el comprador de Terra por encima de 100 euros, no está invirtiendo tras sesudo análisis sino que compra pensando que podrá venderle a otro mucho más caro. Tal vez ni entienda el mercado o la acción; a veces no sabrá siquiera a qué se dedican (el caso de South Sea es bien evidente: cualquiera que supiera un mínimo de política internacional no habría entrado). Todas esas personas -no nos atrevemos verdaderamente a llamarlos inversores- se caracterizan por su codicia... no se conforman con una ganancia sólida a largo plazo, quieren forrarse y hacerlo ayer mejor que hoy.

La codicia... arañar hasta el último centavo, solo así se explica que los precios lleguen a niveles increíbles, a cientos o miles de veces los beneficios anuales (que en ocasiones ni existen) y, eso, a pesar de que en muchas ocasiones se han conseguido ganancias simplemente espectaculares y que desinvirtiendo a tiempo habrían generado importantes plusvalías.

El lenguaje ha deformado el significado de la palabra «especulador» que, al parecer, puede provenir de «διερεύνηση», literalmente «investigar». Por lo visto, la persona que especulaba era alguien que analizaba todos los factores antes de tomar una decisión. No; mejor llamemos a las cosas por su nombre: codicioso sería mucho más apropiado que especulador.

Todo esto proviene de una irracionalidad evidente de los participantes en el mercado que prefieren buscar rentabilidades a corto plazo (algo que no se puede garantizar con la renta variable) y esto les lleva a buscar inversiones especulativas que puedan generarlas. Al ser humano le cuesta planificar a largo, prefiere mil veces el humo que ofrece una acción especulativa a los fundamentos sólidos de una inversión a largo plazo, porque para muchos inversores ese largo plazo está fuera del horizonte de inversión deseado.

Pongamos un ejemplo: un inversor prudente pudo haber invertido en The Globe.com, una red social típica de finales de los 90, y solo el primer día haber obtenido más de un 600 %; sin embargo, muchos inversores siguieron esperando una revalorización todavía mayor dado que parecía que el negocio de Internet era el nuevo maná. Cuando explotó la burbuja el valor pasó de 97 dólares a poco más de 10 centavos, valor similar al que cotiza hoy veintiún años después. ¿Cómo alguien con más de un 1000 % de rentabilidad en pocos días no tomó beneficios a tiempo, aunque fueran parciales? Claramente la codicia juega un papel muy importante.

La codicia es un atributo indispensable, en ocasiones el inversor conoce, o al menos intuye, que las valoraciones no son las adecuadas pero, a pesar de ello, sigue contribuyendo a la creación de la burbuja.

Tomemos otro caso que también puede servir de ejemplo: Nikola, cuyo objetivo es la fabricación de camiones de hidrógeno: una empresa que tuvo 0 ventas en 2020 hasta septiembre. Entonces, fue adquirida por una SPAC (empresa de adquisición con propósito especial) cuyo único objetivo al salir a bolsa consistía en captar fondos para fomentar una fusión.

Pues bien, una empresa con 0 dólares de ingresos y unas pérdidas trimestrales de 30 millones de dólares llegó

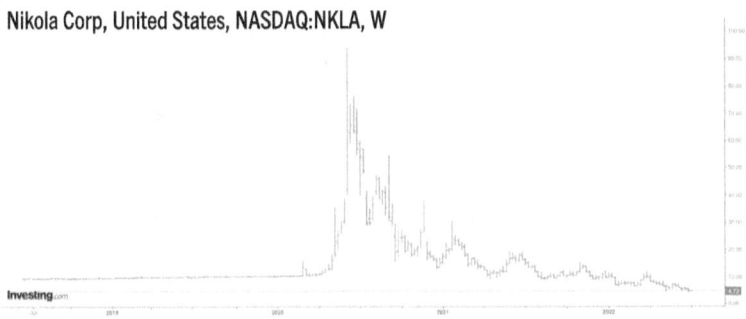

a multiplicar por 9 su valoración, hasta los 25 000 millones de dólares, situándose muy cerca de la capitalización de mercado que tenía en ese momento BBVA, segunda o tercera empresa española entonces por capitalización.

Lo curioso es que la empresa está en una profunda crisis; el CEO ha renunciado e, incluso a pesar de que se ha frustrado el gran proyecto conjunto que pensaban llevar a cabo con General Motors, la empresa sigue valiendo unos 6000 millones de dólares.

Resulta prácticamente incomprensible que muchos de los inversores que entraron en la OPV o en momentos inmediatamente posteriores, y tras estar ganando hasta un 900 % en una empresa sin entradas de dinero, no se hayan conformado con estas rentabilidades asumiendo ahora la pérdida del 75 % del valor que la empresa tuvo en sus máximos.

Tras la crisis del coronavirus, además, se ha producido uno de los mayores procesos de burbuja conocidos, sobre todo por su extrema irracionalidad. Se podría denominar la «*foromanía* o *redditmanía*». Todo parte de la enorme potencia de las redes sociales, en este caso un foro con dos millones de personas que se ponen de acuerdo en comprar, no empresas de alto potencial sino todo lo contrario, aquellas empresas en situación tan crítica que han atraído las mayores posiciones cortas.

Consiste en hacer saltar los *stop loss* de las posiciones cortas para fomentar una subida totalmente artificial de empresas quebradas casi por completo.

De hecho, es mejor cuanto peor esté la empresa que se escoge para comprar porque habrá atraído más posiciones cortas y, por tanto, mayor será el efecto cuando se produzca la cobertura de estas posiciones (lo que los anglosajones denominan *short squeeze*).

El arquetipo fue la burbuja generada en GameStop:

Las compras orquestadas comenzaron en octubre de 2020 y, desde niveles de unos 12 dólares en un primer momento, consiguen llevarlo hasta los 40 dólares, cuando el cierre de cortos lleva a la empresa a doblar en un día, provocando esto más y más cierre de posiciones cortas. Por supuesto, cuanto más sube, más *stop loss* saltan hasta que el valor llega casi a los 500, para luego desinflarse y volver al punto de partida en un muy breve espacio de tiempo.

¿Qué había cambiado en GameStop? Nada, seguía siendo la empresa que perdía cientos de millones de dólares por año, con ventas menguantes (una empresa que vende juegos en formato físico no tiene mucho futuro en estos días, y menos en plena pandemia), no hay ningún motivo para comprar, los inversores compran a sabiendas de que generan una burbuja.

Eso sí, los efectos son brutales. Los seguidores del foro que entraron en máximos pensando que la cosa seguiría, pueden haber perdido el 80 % de su inversión en apenas 3 días; para los fondos, que sufrieron pérdidas próximas a los 25 000 millones solo con este valor, la cosa es mucho peor ya que, para mantener la liquidez y la solvencia, se vieron obligados a vender empresas solventes para cubrir pérdidas con las plusvalías.

Algo similar ocurrió en 2007 con la hecatombe de los fondos cuantitativos. Estos se basaban en la reversión a la media: compraban los valores que peor lo habían hecho en un periodo y vendían los que mejor se habían comportado; cuando esta estrategia (que llevaba décadas siendo exitosa) se rompe, también provocará las ventas masivas de estos fondos en el Dow y en el Nasdaq en lo que será el preludio de lo que habría de venir.

Otro de los casos más increíbles es el de Blackberry, compañía que era punta de lanza en las primeras generaciones de móviles, destacando por su capacidad de integrar el mail en el teléfono, una especie de *smar-*

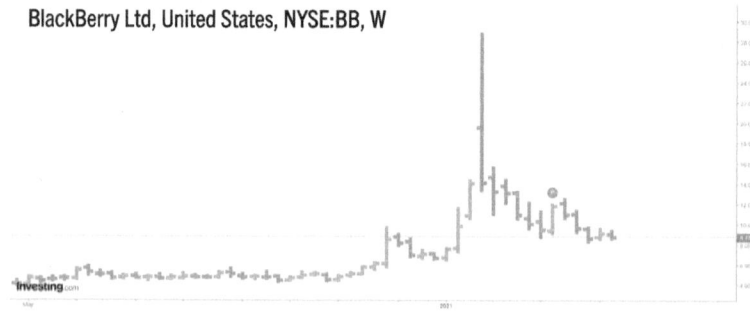

tphone avant la lettre que tenía un muy buen posicionamiento entre las empresas. Era un valor completamente olvidado por los inversores que el flujo de compras de estos minoristas consiguió aumentar en un 350%, de 8 a 28; fue una vuelta a la vida de este valor completamente inesperado, más todavía porque en 2020 el resultado de la empresa fue claramente negativo (unos 150 millones de euros). Aun así, esta burbuja de las redes sociales fue capaz de llevar al valor a los 13 000 millones. De nuevo, es un ejercicio de comprar generando una burbuja por el simple juego especulativo, buscando que la compra de los que tienen posiciones cortas permita vender más caro que el punto de compra, por descabellado que este sea.

BB Liquidating Inc., United States, OTCMarkets: BLIAQ, W

Pero, probablemente, el absurdo más absoluto se alcanza cuando estos inversores se dedican a comprar Blockbuster, una empresa quebrada desde 2010 y que está en liquidación (queda una sola tienda Blockbuster de las más de 3000 existentes en 2010), haciendo multiplicar su precio por 150 veces; el gráfico es, simplemente espectacular.

Los inversores escogen para llevar a cabo esta acción concertada de compra un valor que ya prácticamente no existe en un ejercicio de nostalgia que raya la broma bursátil. Eso sí, las pérdidas para aquellos que entraron tarde en el tiovivo que sufrió este valor fueron espectaculares; 4 días después del máximo habían perdido el 90 %.

Como se trataba de escoger aquellos activos con peor perspectiva, también lo intentaron con Doge, una criptodivisa que nació de una broma. Sus creadores intentaban burlarse de la fiebre por las criptodivisas y crearon una con el logo de un meme de una raza de perro japonés. Unos años después, la broma llegó a valer casi 2000 millones de dólares.

Pues bien, los foreros de reddit consiguieron algo impresionante: multiplicar la cotización de esta criptodivisa por más de 100 veces. En esta ocasión, el tema no era tanto hacer saltar los *stop loss* de posiciones cortas sino más bien comprar algo por el simple hecho de que está muy barato (menos de un centavo de dólar cuando empezaron las compras).

¿Cómo acabará esta *redditmanía*? Difícil de saber. En España hubo intentos, frenados en seco, de influir en el precio de Tubacex, y el primer fracaso de la estrategia de pequeñas compras -pero masivas- por parte de millones de usuarios de los foros ha fracasado en la plata; tal vez hubiera posiciones cortas en la plata (premisa que siguen normalmente las recomendaciones de reddit), pero el problema es que no se sabe a ciencia cierta en qué niveles saltan los *stop loss*. Tras un fuerte ataque durante el fin de semana, los inversores tradicionales ganaron momentáneamente la batalla. Parece que esta estrategia sea más adecuada para pequeños valores.

Lo que diferencia a esta burbuja de otras es que:

- Los participantes son plenamente conscientes de estar en una burbuja, o al menos de que compran empresas en situaciones prácticamente de quiebra
- Su acción se concierta a través de las redes sociales de manera muy rápida, en el pasado las burbujas precisaban de más periodo de formación

- Habitualmente, buscan romper las posiciones cortas y que el que compre el activo ya inflado sea el inversor que se ve forzado a recomprar un corto con fuertes pérdidas

Se trata, por tanto, de burbujas conscientemente creadas, lo que hace de estas un nuevo tipo de proceso especulativo: se compra, no un activo que esté de moda, sino todo lo contrario, algo que esté olvidado por los inversores y que haya atraído el interés de los vendedores, normalmente con fuertes pérdidas y poco volumen, por lo que las compras masivas de pequeños importes acaban por hacer subir el valor de manera exponencial; una vez saltados los *stops* y satisfechos los creadores de la burbuja, la corrección es rápida, casi se diría brutal. Los inversores que tardan unos pocos días en seguir las directrices del foro pueden claramente verse envueltos en una situación difícil ya que cuando se acaban las posiciones cortas, poca más gente puede tener interés en comprar a semejantes precios.

La codicia, buscar el beneficio incluso a sabiendas de que se invierte en activos de muy dudosa calidad, y a veces a costa de que otros pierdan conscientemente como en la *redditmanía*, aguantar posiciones en valores que han multiplicado muchas veces su cotización… todo esto es codicia, inherente al ser humano y, por supuesto, a cualquier burbuja que se precie.

El consejo de los autores: fíjese una rentabilidad objetivo y, cuando la consiga, no sea codicioso o se puede ver envuelto en una burbuja; para cuando quiera recuperar la inversión puede ser demasiado tarde porque el *momentum* de esa burbuja ya haya pasado.

CAPÍTULO 4
LA IGNORANCIA

Las burbujas se alimentan de la ignorancia de algunos participantes en las mismas.

Esta afirmación tan taxativa viene refrendada por la constatación de que los inversores particulares tienden a hacer inversiones motivadas más por una determinada moda que por sus conocimientos del negocio donde están invirtiendo su dinero.

Warren Buffet dice: «Nunca inviertas en un negocio que no puedes entender». Los autores creen que sobre esta frase deben pivotar los principios de una inversión sana y razonable; el problema es que esto no siempre es así, y menos en los últimos años. Veamos algunos ejemplos.

La burbuja de Internet
Lo ocurrido en la bolsa a finales de los 90 e inicio del año 2000 fue simplemente increíble, con inversores comprando empresas de Internet sin comprender en absoluto cómo funcionaba el nuevo negocio.

Se producían absurdos tales como que empresas sin apenas ingresos en la época valían más que negocios absolutamente consolidados, así se entienden las enormes valoraciones de las empresas de «portales» cuyo negocio era el redireccionamiento de los internautas hacia las páginas que pudieran interesarles. Empresas como LYCOS o TERRA brillaban en bolsa, pero su expansión en ella duró poco y aquellos incautos que compraron, sin entender que ese negocio no tenía futuro, sufrieron enormes revalorizaciones. Una tasa de mortandad empresarial por encima del 97 % explica que, en la práctica, muy pocos inversores fueron capaces de «sacar tajada» de esta enorme burbuja bursátil, solo aquellos que acertaron los ganadores como Amazon.

¿Por qué la gente compraba como loca empresas del sector? Era lo que alguno ha denominado *fashion investment*, invertir no en base a análisis alguno sino porque lo que se compra está de moda.

En el siguiente gráfico se puede apreciar cómo, en tan solo unos meses, el mercado multiplica por 8 su valor de 600 a 4800; es verdad que se trata de un momento en el que parece que el futuro de Internet es sumamente brillante, pero no es menos cierto que apenas si hay empresas rentables, o incluso que tengan un modelo de negocio con visos de ser rentable en un plazo razonable.

Nasdaq 100, United States, NASDAQ: NDA, W

Como en el caso de las burbujas South Sea o Mississippi, en la burbuja *puntocom* hay una historia que vender. El nuevo paradigma es que la actual economía representada por Internet sepultará más pronto que tarde a la vieja economía.

Tal vez el mejor ejemplo es el de Terra, ya brevemente mencionado. Villalonga, en aquel momento presidente de Telefónica, está poniendo las filiales del grupo en bolsa, esperando que la visibilidad de estas mejorara el valor conjunto de Telefónica. En este contexto se sitúa el lanzamiento de Terra, que empieza a cotizar con muy pocos meses de vida y con fuertes pérdidas.

El resultado no puede ser más espectacular: en pocos días, la empresa multiplica su valor por más de 20 veces, llegando a ser la quinta empresa del IBEX. Hay un momento en que cada cliente de Terra se valora a más de 6000 € (el problema es que casi todos los servicios de Terra son gratuitos y los ingresos de publicidad en Internet, tras un primer momento de *boom*, caen en picado). ¿Dónde está la lógica del negocio y de la valoración?

Al final, en una huida hacia delante, el gigante español de Internet acaba comprando Lycos, otro gigante de la Red, a precios sobre ventas que, si se pagaran, por ejemplo, para valores como Inditex, harían que esta tuviera una capitalización bursátil superior al PIB español.

Un día, el mercado se despierta de una resaca que había durado unos cuatro años: ¿cómo era posible que empresas en pérdidas y, en muchos casos, controladas por veinteañeros, valieran miles de millones de euros? Finalmente, el mercado colapsa cuando las quiebras de las empresas de Internet se multiplican. Hoy, de cada 100 empresas *puntocom* que existían en 1999, apenas si sigue existiendo 1. La tasa de mortandad es de más del 99 %. Sería muy difícil encontrar otros casos similares en la historia reciente.

El mercado, compró la idea de un crecimiento exponencial de estas empresas, cuando hasta ese momento había primado el beneficio sobre el crecimiento para valorar empresas. En un artículo muy interesante Markman y Gentner (Ed. 2002) expresan que:

«*While failure to find any significant relationship between profitability and extraordinary growth in sales and employment might imply that a strategy of high growth would entail few consequences to a firm's profits*»[3].

Es decir, el crecimiento no es condición necesaria, ni suficiente, para que se produzcan beneficios, algo que se puede comprobar en la historia de gigantes de Internet, como Amazon o Facebook, que tienen resultados muy modestos comparados con sus ventas y crecimiento.

Los efectos que produjo la crisis en la cotización del índice Nasdaq (bolsa electrónica de Nueva York)

---

3 «Aunque el hecho de no encontrar ninguna relación significativa entre la rentabilidad y el extraordinario crecimiento en las ventas y en empleo podría implicar que una estrategia de alto crecimiento tendría pocas consecuencias para los beneficios de una empresa».

fueron tan espectaculares que, de cotizar por encima de los 5000 puntos en marzo de 2000, llegó a pasar en poco tiempo a cotizar a 3500, y en octubre de 2002 su valor era de aproximadamente 1300 puntos, situándose en valores similares a los de diciembre de 1996.

Una comparación entre el valor de mercado de empresas del mundo virtual en el momento álgido de la burbuja con empresas del mundo real, nos da una muestra de la excesiva valoración de las primeras (cifras en millones de dólares):

- 34 500 Yahoo! / Allied Signal
- 24 000 EBay / J.P. Morgan
- 23 000 Amazon.com / Alcoa
- 17 900 Priceline.com / Federal Express
- 12 900 E*Trade / American Airlines

A modo de ejemplo, Yahoo! fue vendida por poco más de 4800 millones de dólares en 2016 demostrando un enorme fracaso puesto que, en su momento más álgido, llegó incluso a valer 125 000 millones

Y, como ocurre en toda situación de burbuja, en cuanto aparecieron los primeros fracasos y dudas, las expectativas pasaron de ser brillantes a desfavorables y los capitales huyeron tan rápido como llegaron, provocando el derrumbe de las *puntocom*. De todas formas, muchas personas, ya antes de la caída, deducían que la valoración de las empresas del mundo virtual no era sostenible y que tarde o temprano iba ocurrir una «corrección en el mercado», entendiendo que estos valores contenían una importante sobrevaloración de carácter especulativo.

Aunque se hablará más adelante sobre por qué y cómo se pueden justificar valoraciones tan exageradas, sí que es conveniente reflexionar sobre cómo es posible que un analista serio de inversiones justifique estas valoraciones viendo que E-trade (valorado por Morgan Stanly en su compra por 13 000 millones, es decir, un 85 % menos que durante la burbuja) vale lo mismo que American Airlines. Se podría hablar aquí de un fenómeno de ceguera colectiva; todo aquel que habla mal sobre un sector en el que la gente se ha autoconvencido sobre sus expectativas de rentabilidad será un agorero y apenas si se le prestará atención.

En realidad, las burbujas van pinchándose por un progresivo goteo de noticias negativas. En el caso de las *puntocom*, la tasa de malas noticias fue brutal con empresas quebrando y con muchas otras incrementando sus cifras de negocio a tasas más bajas aquellas en las que se incrementaban sus pérdidas. Estaban literalmente muriendo de éxito, cuanto más vendían, más perdían.

Las *puntocom* fueron una buena muestra de lo pacientes que son capaces de ser los inversores, porque la rentabilidad de las *puntocom* -cuando explotó la burbuja- hacía tiempo que mostraba síntomas de no ser la esperada.

Sin embargo, en plena crisis financiera, se realizaron operaciones en empresas *puntocom* difícilmente comprensibles (sobre todo, pensando que el año 99 y

2000 no estaba tan lejos). A modo de ejemplo, sorprendió la compra de Skype por Google en 2011: una empresa que nunca había sido rentable, y que ofrece la mayor parte de sus productos de forma gratuita había sido adquirida por lo que parecen demasiados miles de millones de dólares.

Pero, con todo, lo más sorprendente es el caso de Facebook: una empresa en la que el propio dueño afirmó que el objetivo de la misma no es ganar dinero, amén de haber realizado varias polémicas declaraciones afirmando que la gente que cuelga fotos y otros temas personales en Facebook es «boba», sin olvidar el reciente asunto de la venta de datos de sus clientes a diversas empresas y el escándalo de su criptodivisa. Esta compañía prácticamente ofrece todos sus servicios de manera gratuita y cotiza a 815 000 millones de dólares en diciembre 2020.

Aunque se tiende a olvidar, el sector público tiene su responsabilidad en esta crisis permitiendo la salida a bolsa de empresas con poco o nulo negocio; también en este sector se han permitido situaciones de casi monopolio en EE. UU.

Una lección es que **el mercado y el inversor no aprenden nunca y tienden a repetir errores por muy próximo en el tiempo que el error se encuentre: la segunda oleada de las *puntocom* entre 2011 y la actualidad recuerda, a menor escala, al desastre de la burbuja *puntocom* de 2000.**

En esta nueva burbuja el arquetipo es Tesla, una empresa dirigida por un empresario visionario y excéntrico a partes iguales. La evolución es claramente el ejemplo de una burbuja financiera:

Tesla Inc, United States, NASDAQ: TSLA, M

Tesla es una gran empresa con una ventaja tecnológica importante sobre otros fabricantes de coches eléctricos; dicho lo cual, hablamos de menos de un 1 % de las ventas actuales de coches, con esa cifra cotiza a unos 1300 años de beneficio (diciembre de 2020) y una valoración próxima a los 610 000 millones de dólares casi 10 veces más que fabricantes de coches como Volkswagen que fabrica y vende casi 10 veces más unidades.

El inversor medio de Tesla probablemente no entiende los riesgos ni ha mirado los estados financieros, simplemente compra pensando que la nueva tendencia medioambiental basta para justificar las actuales valoraciones; sin embargo, sigue habiendo enormes dudas sobre la propia tecnología, su factibilidad, las tecnologías alternativas como, por ejemplo, el hidrógeno, etc.

En Tesla se produce un fenómeno muy típico de las burbujas, una especie de fenómeno fan ya que cualquier noticia que provenga del mesías Elon Musk (máximo ejecutivo y accionista) se toma por el lado positivo, cualquier crítica o posición corta recibe un enorme rechazo. Todo ello a pesar de que incluso el señor Musk ha tenido que pagar multas por difundir información confidencial o de que es bastante polémica su relación con las posiciones cortas que habitualmente han sufrido los llamados *short squeezes* con noticias/rumores siempre que las posiciones cortas ganaban la partida a las largas.

La burbuja de las criptodivisas

Este es otro de los mejores ejemplos de que en la actualidad se detectan importantes burbujas financieras. Y cuando nos referimos a burbujas con la palabra financiera hay que entender tanto burbujas de la economía de la financiación, o economía financiera, como de la economía de la inversión, está última llamada impropiamente economía real (¿acaso no son reales las finanzas?). Aparte de la impresionante burbuja de la renta fija, de algunas tecnológicas, incluso casos de países globalmente considerados, nos detendremos en esta ocasión en la burbuja de las criptomonedas, especialmente el bitcoin. Conviene indicar que ya existen más de 7000 criptomonedas y que existen algunas incluso mejores técnicamente que el bitcoin.

También se debe precisar, ya refiriéndonos al bitcoin, que hay que distinguir tres aspectos de la criptomoneda: a) su función como medio de pago, b) su posible función como divisa y c) su consideración como inversión. Pues bien, como medio de pago el bitcoin presenta unas características de costes y seguridad que la hacen mucho mejor frente a otros medios de pago; pero no es menos cierto que es prácticamente imposible su difusión masiva en estos momentos y su adopción como moneda oficial o divisa porque es muy difícil su «rastreo» y seguimiento a nivel policial y fiscal. Como divisa, el bitcoin no puede tener viabilidad en estos momentos por su impresionante volatilidad. Finalmente, como inversión, tenemos que decir que clarísimamente es una burbuja.

Para considerar que el bitcoin es una burbuja no entraremos en este momento en sofisticaciones y formulaciones avanzadas en economía financiera, como puede ser el paradigma del *cash flow* descontado complementado con el CAPM (*Capital Asset Pricing Model*, modelo de valoración de activos financieros), nos basta ver la gráfica de evolución del bitcoin, así como su comparación con otras célebres gráficas de evolución de precios como la de los tulipanes en el siglo XVII.

Burbuja del bitcoin.

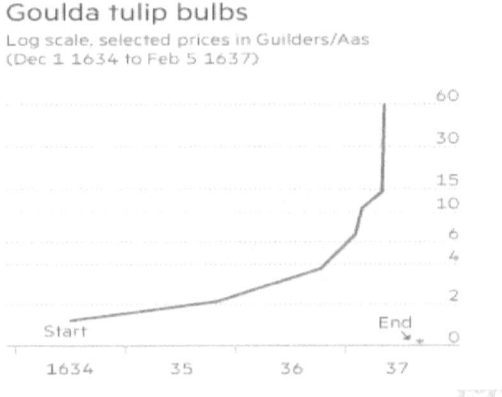

Burbuja de los tulipanes.

¿Cómo podemos estar seguros de que bitcoin es una burbuja?

Primero, porque el uso del bitcoin en la economía no especulativa, la auténtica economía de la inversión y la financiación, es prácticamente nulo, tal y como ocurría con los tulipanes cuyo valor de uso era, a todos los efectos, nulo.

Segundo, por el tipo de explicaciones que se persiguen para justificar lo que es cada vez más difícil de explicar. Se ha oído de todo: desde que bitcoin sería la moneda de una Catalunya independiente, hasta que cada vez que se separaba un grupo de programadores para crear otra criptomoneda te «regalaban» dinero (lo que se conoce en el lenguaje propio de las criptomonedas como *fork*).

Tercero, por la velocidad de la subida, aun suponiendo que sea un buen valor. Prácticamente ningún activo financiero -por muy buena inversión que sea-

multiplica su valor por 10 veces en menos de un año, sobre todo ante la ausencia de verdaderos cambios en los usos financieros que pudieran justificarlo.

Cuarto, argumento que se deriva del alto porcentaje de «inversores» que está comprando el bitcoin sin tener la más remota idea de lo que es bitcoin, ni siquiera una idea clara de para qué sirve y, por supuesto, sin haberlo utilizado nunca. ¿Es un caso similar a la burbuja *puntocom*? Pasó exactamente, así como otras más detalladas en «Burbujas Financieras, Inversión y Desinversión». https://www.amazon.es/Las-burbujas-financieras-Inversion-desinversion/dp/8468500763

¿Quiere todo esto decir que el bitcoin no puede subir más? ¡Claro que no! Los tulipanes pasaron de 1 florín a 60 en poco tiempo. Si consideramos que la burbuja del bitcoin empieza en 2017, solo ha multiplicado por 10. Y según lo que ocurrió con los tulipanes podría todavía triplicar su precio. Por desgracia, es imposible predecir cuándo va a explotar una burbuja por lo que el consejo que siempre damos es: «Si has invertido en una burbuja salte; si no tienes el valor, no entres».

Se ha tratado suficientemente a la moneda digital bitcoin como divisa, como medio de pago, como inversión, como burbuja, que si tenía futuro que si sí, que si no. Pues bien, en estos momentos es, con los últimos datos, crónica de una muerte anunciada, como reza el título de la famosa novela de Gabriel García Márquez de 1981. El bitcoin no parece que llegará tan lejos en el tiempo y podría quedarse en unos quince o veinte años de vida como máximo, aunque muy probablemente seguirá teniendo valor para los coleccionistas.

A las últimas declaraciones en contra del bitcoin por parte de importantes instituciones financieras y de algunos bancos centrales, calificándolo directamente de fraude, se unen ahora los proyectos de varios bancos centrales para crear una nueva moneda digital que tendría todas las ventajas que tenía el bitcoin y ninguno de sus inconvenientes. Además, hay mejores monedas digitales que el bitcoin como Ethereum si consideramos la tecnología y funcionamiento de las mismas.

Desde septiembre de 2017 hemos visto serios intentos para crear una moneda digital, divisa, unidad de cuenta y medio de pago que, en un contexto de finanzas digitales y tecnología *blockchain*, no tuviera la tremenda volatilidad del bitcoin. Los bancos centrales quieren criptos en las que desaparezca el prácticamente anonimato policial y fiscal que caracteriza al bitcoin, de manera que será una moneda transparente y, en su caso, con posibilidad de rastreo policial y fiscal, por supuesto.

Otro de los grandes jugadores en ciernes en el mercado de las criptodivisas en un futuro será Libra, creada por Facebook, Visa, PayPal y otras grandes empresas, para convertirse en un medio de pago sin la volatilidad del bitcoin para lo cual se invertiría en una cesta de activos que servirían de ancla para el valor de esta nueva divisa, que todavía no está operativa a fecha de impresión de la presente edición. Habida cuenta de que las autoridades monetarias, que se han mostrado reticentes, no lo impidan.

Todo ello sin olvidar que, en cualquier momento, los bancos centrales podrían decidir crear su propia moneda basada en el uso de la *blockchain*, pero sin sus inconvenientes (un criptoeuro, un criptodólar, etc., avalados por los balances de estas instituciones serían infinitamente mejores que bitcoin). La crisis del COVID-19 parece que va a acelerar todos estos procesos.

Una burbuja muy relacionada a la del propio bitcoin es la del resto de criptomonedas que podemos diferenciar entre:

- Monedas que suponen alguna mejora sobre el original o un método alternativo de minado (registro de las operaciones);
- Criptodivisas emitidas por empresas para pagar por sus propios servicios.

La capitalización del mercado obtenida sumando ambos apartados nos da una idea del tamaño de la burbuja:

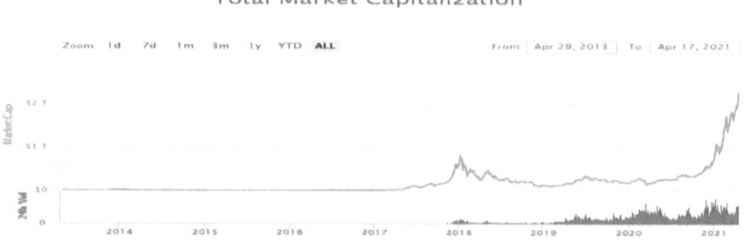

Valor total de las criptodivisas.

En el pico, el valor total de estos activos alcanzó los 750 000 millones de dólares equivalente al PIB de un país en el top 25 mundial; el pinchazo del mercado ha sido muy importante, llevándose por delante no solo al bitcoin sino a cualquier otro activo que fuera similar.

Lo cierto es que, aunque el bitcoin tiene limitada su emisión a 21 millones de unidades, nada impide a quien tenga los conocimientos informáticos crear su propia moneda, llegándose a la actual situación en la que el bitcoin es algo menos del 60 % del total del valor de las cientos y cientos de criptos existentes. A modo de ejemplo, estas son las diez principales en cuanto a valor de mercado:

En este caso, como se puede apreciar, hay diversos tipos:

• Algunas de emisión limitada; esto causa problemas de futuro ya que, si no se siguen generando nuevas monedas, ¿cómo se va a pagar a quien registra las transacciones (mineros)?

- Otras que emiten sin freno; aquí queda en cuestión en base a qué, dado su escaso uso no queda claro cuál es el criterio de incremento de la masa monetaria.
- Finalmente, otras que emiten en función de una supuesta unión monetaria con el dólar (es decir, están respaldadas por un número equivalente de dólares). La más conocida es Tether que, últimamente, está bajo la lupa por las dudas que plantea la falta de transparencia de la gestión de esta divisa.

De cualquier forma, para reforzar el carácter de burbuja está el hecho de la abundancia de oferta, sin duda con sus excesos. Tal vez el más conocido sea el de la *dogecoin*, que surgió como una mera prueba de un nuevo concepto y casi como una broma usando un conocido tipo de perro japonés como imagen corporativa; pues bien, los comentarios elogiosos de Elon Musk han hecho que llegue a valer más de 60 000 millones de dólares

Además, en el caso de esta tipología de activos, se producen los llamados *fork* o desdoblamientos (similares a los *split* en bolsa). Se trata de operaciones por los que un grupo de programadores decide separarse creando una nueva moneda, lo que en el caso de bitcoin ha sido muy habitual (existen Bitcoin Cash, Bitcoin Gold, Bitcoin Private...) y permite incrementar su base monetaria sin que haya, de nuevo, ninguna base real que lo justifique.

Hay un último tipo, las creadas por las propias empresas para pagar sus servicios. Muy interesante el caso de Kodak, empresa en liquidación que triplicó su valor en bolsa gracias al anuncio de la creación de *kodakcoin* que se supone es la moneda con la que se pagarán los derechos de imagen de las fotos subidas a Internet.

Una reflexión muy somera lleva a la conclusión de lo absurdo de esta práctica. Sería totalmente ridículo en la economía real tener que contar con distintas monedas para pagar cada uno de los bienes y servicios que compramos; por otra parte, en el caso de Kodak parece que, hasta ahora, pocas o ninguna persona ha recibido dinero por subir fotos, por ejemplo, a Instagram.

Dicho de otro modo, la creación de estas divisas no responde sino a un comportamiento típico de burbuja que, además, se colocan entre los inversores -a través de las llamadas ICOs (*Initial Coin Offer*) por el que las empresas evitan todos los procesos burocráticos de emitir acciones y su venta (y, de paso, se ahorran la protección al inversor). Son monedas con un supuesto uso futuro. Si no es una burbuja se le parece. Con buen criterio, se han prohibido las ICOs en varios países.

Los autores no pueden sino reafirmarse en su idea de que la tecnología *blockchain* que forma parte de las criptomonedas supone una disrupción importantísima en la economía, pero a fecha de hoy existen innumerables dudas sobre su valor económico. He aquí algunas:

- Tal vez la más importante es la falta de normas tan básicas como la de blanqueo de capitales, identificación fiscal de los intervinientes en las operaciones, etc.
- Lo segundo es la enorme facilidad de creación de nuevas monedas o de separar (vía *forks*) las ya existentes.
- Muy importante es el grado de innovación tecnológica que hace que algunas de las primeras monedas creadas hayan quedado como verdaderos dinosaurios en el universo *blockchain* y, al mismo tiempo, generan una «vida útil» muy breve, tanto que es muy difícil recuperar la inversión antes de que se implante de manera masiva.
- Hay otro factor muy importante, apuntado por el pasado del papel moneda, que empezó como un asunto privado (era emitido por instituciones privadas) y acabó como un asunto de bancos centrales; si mañana estas instituciones deciden crear una versión de sus divisas usando *blockchain* todo el mercado de las cripto perdería mucho valor.

El hecho de valorar estos activos en centenares de miles de millones de dólares se corresponde con un optimismo completamente irracional acerca del futuro de esta tecnología.

Un aspecto clave es la enorme dificultad de valorar los activos bursátiles; para ello, se debe de utilizar el llamado análisis fundamental que tiene una difícil misión pues se le pide que calcule el valor de las cosas con un supuesto teórico muy fuerte:

En el largo plazo el precio de las acciones se igualará a su valor.

Cuando leemos la prensa económica y tal o cual analista nos dice que el precio objetivo de algo está un 30 % por encima del actual, implícitamente todos pensamos que lo que hay que hacer es comprar. Bueno, ¿se ha planteado usted que esto es lo mismo que decir que si la tasación de un Picasso es de 3 millones de euros, en la subasta este Picasso alcanzará justamente ese valor?

Dicho de otro modo, y por poner un ejemplo aún más cercano: ¿conoce algún caso en el que la tasación de un inmueble haya coincidido al céntimo con el precio de mercado? O mejor: ¿el mismo inmueble y con los mismos tipos de interés se lo tasarán a dos precios distintos si pidió esta tasación, por ejemplo, en octubre de 2017 y la pide de nuevo en julio de 2019? Objetivamente todo está igual, pero al tasador le afecta su subjetividad y el momento que atraviese la economía, las noticias que aparezcan en prensa sobre el sector.

El análisis fundamental es tanto o más subjetivo que una tasación inmobiliaria o de obras de arte.

El lector lo entenderá con este ejemplo: imagine que le han encargado calcular el valor de una acción, digamos, de Repsol. Su primera labor será calcular los flujos de caja en los sucesivos periodos; para ello, ha de calcular:

- beneficio neto de los sucesivos periodos
- amortización de los siguientes periodos
- inversiones y desinversiones a realizar en este intervalo temporal

Todo esto le permitirá calcular el *Cash Flow* neto (CFN) del valor año a año. Pues bien, tendrá que calcular el valor actual de estos CFNs. En el anexo sobre valoración se explica paso a paso este proceso.

Hay que entender la enorme dificultad de realizar estas previsiones. A modo de ejemplo: un analista que esté calculando un precio objetivo para cualquier valor debe ser capaz de imaginar las inversiones que la empresa va a realizar como qué empresas va a comprar, qué desinversiones va a realizar, por nombrar algunas.

Las dificultades no acaban ahí; hay que calcular una tasa de descuento adecuada para esos flujos que, a su vez, depende de aspectos como la prima de riesgo, la rentabilidad libre de riesgo, etc.

Finalmente, también se debe calcular un parámetro conocido como g o crecimiento perpetuo; esto es, cuánto crecerá la empresa desde el año en que acaben las previsiones hasta el fin de los tiempos. Un ejercicio teórico que impacta de manera muy importante en la valoración.

Con las dificultades descritas, parece evidente que pueden existir enormes discrepancias en la valoración realizada de una misma acción por dos casas de análisis distintas. No se engañe, hay que tener criterio propio.

Malkiel, en su famoso libro *Un paseo aleatorio por Wall Street* (Ed. 2007), refleja esta incapacidad de valorar en la famosa paradoja del mono. Para el lector que no la conozca, consiste en lo siguiente:

- Escoja usted a los mejores analistas, los que más hayan acertado en la bolsa, y pídales que le digan las acciones que más subirán.
- Pídale prestado al zoo un mono que lance dardos contra un panel donde ha escrito los nombres de las acciones que cotizan en esa bolsa.
- Haga que el mono lance tantos dardos como acciones le han recomendado los analistas.
- Está demostrado en varios experimentos que ganará el mono la mayoría de las ocasiones.

Una vez, contando esta anécdota en clase, los alumnos asombrados preguntaron al autor de estas líneas que si el mono era siempre el mismo (tal vez pensaban que el mono había aprendido de bolsa); pues bien, el mono va cambiando todos los años, es decir, el azar bate al análisis fundamental.

Aparte de una cura de humildad para el ser humano frente a los primates, lo cierto es que esto demuestra la total incapacidad de saber el precio de las cosas.

Si usted se ha visto involucrado en una caída bursátil, **el consejo fundamental es que no lea a los analistas que le digan los precios objetivos de las acciones.**

A modo de ejemplo, había una total unanimidad en los analistas de que la victoria de Trump en las elecciones de 2016 llevaría a fuertes correcciones. Pues bien, todo lo contrario; la bolsa rompió sus máximos históricos y estuvo subiendo durante todo su mandato. Nadie, ni el más experto, está en posesión de la bola de cristal que permita saber la valoración concreta de una acción.

En estos días de gran volatilidad bursátil a veces es sorprendente la facilidad con la que un analista recorta o sube un 40 o un 50 % el precio de un valor. Daría casi igual pedirle a un niño de seis años (por desgracia el famoso mono no sabe hablar ni escribir) que escribiera al azar números con la valoración de los títulos bursátiles.

En conclusión, desconfíe de los precios objetivos y, sobre todo, desconfíe de los análisis donde no pueda ver parámetros básicos como la prima de riesgo o la tasa de crecimiento perpetuo.

Otra manera de definir una burbuja especulativa es como aquel momento en el que, para justificar las altas valoraciones, se aplican tasas de crecimiento perpetuo por encima de la propia prima de riesgo. Nada crece a perpetuidad más de dos o tres veces el crecimiento del PIB; en España, el crecimiento del PIB de los últimos ciento cincuenta años no alcanza el 0,3 % en términos reales. Para una empresa será casi imposible mantener, por ejemplo, una tasa de crecimiento perpetuo del 3 % (10 veces el crecimiento histórico a largo plazo). Si un analista usa ese tipo de g está potenciando una burbuja, probablemente justificando valoraciones que no se sostienen.

CAPÍTULO 5
LA CORRUPCIÓN

El término «corrupción», según la RAE, presenta varios significados. En primer lugar, la propia acción de «corromper», pero en su tercera acepción, la Academia lo define también como «vicio introducido en las cosas no materiales».

El uso de información confidencial y de noticias sesgadas sería uno de los generadores de burbujas más habituales; es imposible entender las burbujas sin la enorme difusión de bulos de mayor o menor fiabilidad y, en esto, las Redes Sociales juegan un papel muy relevante.

A modo de ejemplo, Theranos fue uno de los mayores escándalos de toda la historia de la bolsa de EE. UU.; una empresa que, sin conseguir cotizar de manera pública, llegó a estar valorada en 8000 millones, gestionada por Elizabeth Holmes (una empresaria hecha a sí misma que abandonó muy tempranamente la universidad). Todo en ella era una relación de amor-odio entre una idea de negocio muy interesante y una realidad que se empeñaba en llevarle la contraria.

La idea era simple: conseguir realizar prácticamente cualquier análisis de sangre en casa, con una gota de sangre, a través de una única máquina de tamaño muy reducido, Edison. El problema era que la tecnología no permitía hacerlo; la empresa prometía una cosa cuando, en realidad, apenas si podía llevar a cabo uno solo de los más de cincuenta tests que prometía. Para mantener el engaño realizaban los análisis en otras empresas «tradicionales», esto fue así durante al menos una década.

La empresa proporcionaba datos sesgados, o directamente falsos; los analistas que la seguían y que realizaban valoraciones estaban literalmente enamorados de la historia empresarial y de su CEO, que cada vez inflaba más la burbuja. Lamentablemente, los cada vez más intensos rumores impidieron al final que la empresa cotizara de manera pública pero, eso sí, consiguió muchísimo dinero en sucesivas rondas de financiación.

Algo muy similar ocurrió con WeWork, empresa del muy excéntrico Neumann que fue capaz de mantener un verdadero idilio con el mercado obteniendo capitales de manera recurrente a pesar de que sus cifras reales distaban muchísimo de lo publicitado e informado a los analistas que habrían de valorarla de cara a su salida a bolsa.

La empresa lo tenía todo: una idea de negocio arriesgada; asumía contratos de alquiler a largo plazo para realquilar pequeños espacios a corto plazo, algo que podía ir muy bien en periodos de alzas del mercado inmobiliario, pero no tanto en un momento de crisis; un dueño que obligaba a los empleados a participar en fiestas en las que corría la droga y el alcohol; contrataba a toda la familia y realizaba una gestión caótica. La empresa perdía ingentes cantidades de dinero, pero el aval de grandes fondos de inversión y de muchos analistas permitió a la empresa mantener el engaño a las puertas mismas de una salida a bolsa de miles de millones de dólares.

En ocasiones, la corrupción del sistema afecta a todo un sector o incluso a toda una bolsa.

La burbuja de los tulipanes

Lo ocurrido con los tulipanes en Holanda durante los siglos XVI y XVII seguramente sea uno de los procesos más grandes de irracionalidad financiera que se han conocido hasta ahora. Recuerda, en cierta medida, a la «fiebre del oro» que está viviendo la economía desde que comenzó la crisis de 2008. Es muy importante entender la génesis de esta crisis para lo que merece la pena hacer una pequeña mención a la historia del Tulipán en Holanda.

Este bulbo se introduce en los Países Bajos procedente del imperio otomano a mediados del siglo XVI, al parecer, aunque ya se conocía en algunos países europeos gracias a la labor de viajantes y embajadores; es el botánico Carolas Clusius el que introduce en Holanda el cultivo de esta planta.

Todo apunta a que el entorno medioambiental holandés es óptimo para el cultivo de tulipanes que se expande por todo el territorio desatando verdaderas pasiones. Se daba la circunstancia, además, de que los horticultores no fueron capaces de controlar completamente la manera en la que los tulipanes pasaban a ser multicolores, lo que elevaba el precio de algunas de las especies al ser sus colores especialmente apreciados.

En la segunda década del siglo XVII comenzó un alza de los precios totalmente incontrolable, de forma que se vivieron extremos absurdos en los que se llegaron a vender propiedades inmobiliarias por un solo bulbo. Una planta alcanzaba con facilidad el salario de siete u ocho años de un trabajador cualificado cuando el coste marginal de su producción era bajísimo.

Probablemente influye en este comportamiento el hecho de que el tulipán se ve como una inversión «segura» frente a, en particular, la financiación de las arriesgadas aventuras comerciales holandesas o la renta fija de unos estados agobiados por las deudas (el XVII es el siglo de las grandes quiebras de la Corona de Castilla, por ejemplo). Algo así como una huida hacia lo tangible que hoy en día se da en gran medida. El tulipán representaba un activo que, al igual que el oro en nuestros días, ofrece una seguridad que, aunque ficticia, es un valor a conseguir por los inversores.

Aquí aparece la corrupción del sistema, con unas autoridades que benefician este tipo de inversión e, incluso, facilitan la creación de un mercado de futuros que permite masivos movimientos de dinero con escaso o nulo control.

El gran indicativo de que se está produciendo una burbuja es justamente que los participantes en un mercado se autoconvenzan de que el precio de un activo no puede bajar. En Holanda los precios suben sin cesar hasta el punto de que para un holandés de principios del XVII era inconcebible una bajada del precio de los tulipanes (del mismo modo que era impensable, o casi, para muchos españoles una bajada sostenida en el precio de los pisos). A modo de ejemplos, en 1635 se vendieron 40 bulbos por 100 000 florines. A efectos de comparación, una tonelada de mantequilla costaba 100 florines, y ocho cerdos 240 florines. Un bulbo de tulipán llegó a ser vendido por el precio equivalente a 24 toneladas de trigo. El récord de venta lo batió el denominado Semper Augustus: 6000 florines por un solo bulbo, en Haarlem.

Sin embargo, todavía se habría de producir un fenómeno más inexplicable desde un punto de vista racional. La diezmada población que provoca la irrupción de la peste en Holanda a partir de 1636, en lugar de hacer que los precios bajen (hubiera sido el movimiento racional al haber menos demanda), favorece lo contrario: el cultivo de tulipanes no solo no se estanca, sino que sigue al alza ya que, como hay menos mano de obra, esta se convierte en un recurso escaso impulsando los precios del producto final.

El sistema ha entrado en este punto en una corrupción generalizada; se han perdido completamente los referentes y los activos más carentes de valor se ven como la mejor de las inversiones, siendo recomendados de manera masiva sin que el propio estado sea capaz de ponerles coto, a pesar de que lo intentó sin demasiada convicción en algunos momentos.

El comportamiento de algunas economías en la actualidad no difiere tanto del de los tulipanes del siglo

XVII. ¿Cómo explicar si no la actuación irracional del mercado de bolsa en el año 2007 cuando todos los indicios de crisis en el mercado inmobiliario fueron desoídos por los participantes? El hecho es que se fabricaban casas a sabiendas de que la gente que puede pagar los precios inmobiliarios no cubre la oferta. No hay problema, se busca la manera de que los participantes del mercado accedan a una financiación (otra cosa es que puedan pagarla). La película *La gran apuesta* (2015), del director McKay, refleja muy bien la ilógica decisión del mercado: para mantener el mercado hipotecario funcionando, en lugar de buscar demandantes de crédito de calidad, se buscó complejizar los productos financieros que permitían mantener la financiación a perfiles que nunca hubieran debido obtener una hipoteca. Todo para que la burbuja no pare.

El *boom* del mercado de los tulipanes continuó a pesar de todas las noticias negativas que iban aconteciendo, pero como ocurrió en EE. UU. con las hipotecas basura, ya no bastaba con intercambiar físicamente los tulipanes, no; se crea un mercado de futuros, el *windhandel* o negocio de aire, sobre los tulipanes. Llega un momento en el que lo que se intercambia y es objeto de especulación es este mercado de futuros, donde la creación de la burbuja se vuelve más probable. El gobierno holandés intenta parar esta especulación puesto que se muestra preocupado por las condiciones contractuales de este mercado, y por las dificultades de ejecución (hay muchos más contratos de futuros que bulbos de tulipanes, tal y como en la actualidad ocurre con materias primas como el petróleo, donde sería físicamente imposible ejercitar todos los contratos).

Hay una norma no escrita que reza que las burbujas se rompen por las cosas más nimias. Un día de febrero de 1637, se puso a la venta un lote de medio kilo por 1.250 florines sin encontrarse comprador. El pinchazo es absoluto hasta el punto de que los precios no parecen tener ningún freno en su caída. Los que se habían endeudado para invertir no podían comprar y, de repente, su inversión no valía nada.

Una de las lecciones de esta crisis financiera tan temprana era que no podía funcionar un mercado de futuros si no existían unas garantías que, de alguna manera, avalaran la realidad del contrato económico subyacente. En realidad, no había ningún tipo de garantías y las pérdidas fueron tan brutales que la crisis financiera en Holanda no tuvo parangón, trasladándose a la economía real en muy poco tiempo.

A pesar de ser una crisis que se produce con anterioridad, esta burbuja de los tulipanes es más compleja que la de las acciones de los Mares del Sur. Se produce sobre una planta que, de manera objetiva, apenas si posee algún valor (si es que este es calculable porque no hay un uso económico obvio del tulipán), pero que de repente se ve convertido en el objeto de la especulación de muchos participantes en el mercado hasta extremos ridículos de cambiar lujosas casas por un único bulbo.

La actualidad de la crisis de los tulipanes es sorprendente, basta con analizar algunas de las situaciones modernas comparables para comprobar que no se ha avanzado tanto en el control de estas situaciones desde el siglo XVII:

Por ejemplo, en un momento dado, por la gran subida de precios, las propiedades inmobiliarias japonesas llegan a valer 3 veces más que todas las propiedades en EE. UU., siendo este país varias decenas de veces más extenso que el nipón. Como vemos en Iyoda (Ed. 2010), el crecimiento de la tierra y de los inmuebles superó de largo al del PIB nominal, tal y como se puede apreciar en el siguiente gráfico (de la misma obra de Iyoda):

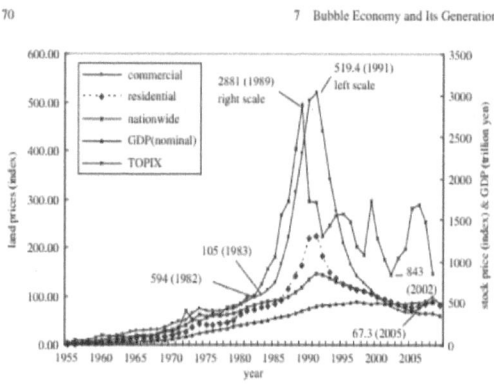

¿No se parece este comportamiento, tan alejado de la realidad económica, al hecho de pagar por unos pocos tulipanes el precio de una tonelada de trigo? Es probable que no se sepa cuánto valen las cosas, pero la lógica indica cuánto NO valen. Aplique la lógica a los procesos de burbuja para huir de estos procesos de especulación extrema.

La actual burbuja de las cripto tiene muchos paralelismos con la de los tulipanes; en ambos casos se crea un mercado sobre un activo que, en principio, no estaba previsto que cotizara en los mercados. Además, las autoridades que hubieran debido velar por la protección de los participantes en el mercado, no solo no lo hicieron en el siglo XVII en Holanda, sino que tampoco lo están haciendo en el XXI con respecto a las criptodivisas.

La burbuja de los años 20.
En el subconsciente colectivo, la crisis del 29 se considera una puesta en cuestión del capitalismo de dimensiones no conocidas, al menos hasta entonces. Sin embargo, no es sino la reacción posterior a una burbuja financiera de notables dimensiones.

No hay que olvidar que EE. UU. se convierte no solo en el primer productor, sino que, al acabar la Gran Guerra, todos los países participantes en el conflicto le deben ingentes cantidades de dinero. Por tanto, Europa deja de comprar como lo hacía antes del conflicto y encima no puede pagar la deuda acumulada. El problema es económico y financiero.

Todo esto provocó un evidente problema de exceso de producción, añadido a unas políticas claramente proteccionistas de los países europeos para intentar reconstruir sus maltrechas economías. Además de los problemas de oferta, se aprecian inequívocos signos de retracción de la demanda. Estados Unidos parece estar afrontando una grave crisis económica, se juntan un exceso de oferta y una demanda internacional (y nacional) insuficientes, con un alza en el paro que, por momentos, lleva a la población estadounidense al umbral de la pobreza como magistralmente retratará Steinbeck en su novela *Las Uvas de la Ira* (Ed. 1939), seguida por el clásico filme de John Ford del mismo nombre (1940).

De manera incomprensible (como en tantas otras crisis), a pesar de los evidentes signos de recesión/depresión, va a producirse uno de los mayores procesos especulativos en la bolsa que se conocen. Son precisamente los bajos tipos de interés, que fuerzan la peor situación económica, lo que lleva a los inversores a la bolsa.

De nuevo una corrupción del sistema: demasiado dinero en la economía, mala gestión de los riesgos, desregulación, analistas con opinión unánime de compra a pesar de la sobrecompra de la casi totalidad de los activos bursátiles... Todos los paradigmas de una inversión prudente se corrompen tanto por los particulares como por las instituciones públicas.

El dinero barato prestado por los bancos se invierte en la renta variable con la seguridad de que va a reportar grandes beneficios. Sin embargo, en la economía real, cada vez se acumulan mayores contingentes de mercancías y productos que no tienen salida en el mercado y esto hace que la economía real se resienta mucho antes que la financiera.

Tal vez por ello, se desarrolla una clara conciencia en los felices años 20 de que invertir en bolsa no tenía riesgo y que se podían obtener importantes beneficios. El optimismo que provocan las ganancias bursátiles autoalimenta nuevas ganancias sin que estén fundamentadas por una mejora real en la economía. Se trata de expectativas irracionales por parte de los inversores que ante los malos datos económicos auguran una crisis corta y una boyante recuperación.

Ante la crisis de oferta y demanda, la Reserva Federal decide tomar una relajada política monetaria; la masa monetaria llega a subir el 60 % entre 1921 y 1929, el dinero barato se pretendía que favoreciera la economía real pero, en realidad, favoreció la mayor fase de especulación bursátil de la historia americana. El 3 de septiembre de 1929 se alcanzó el máximo en Wall Street.

La Reserva Federal quiso detener la burbuja parando en seco la expansión monetaria: redujo la oferta de dinero, subiendo las tasas de interés y por los siguientes tres años la oferta de dinero se redujo en un 30 %. Pero la deflación solo provocó el estallido de la burbuja, haciendo pasar a la economía de un tremendo *boom* a una colosal depresión. El *crack* del 29 fue un síntoma y no la causa de la Gran Depresión.

En la historia se recuerda el Jueves Negro (24 de octubre de 1929) que no es sino el principio del final de una fase de burbuja. El pánico se apodera de Wall Street; pequeños, medianos y grandes accionistas se arruinan. Algunos llegan a suicidarse (se tiran desde los balcones de la bolsa), aunque en mucha menor medida de lo que Hollywood ha retratado. Todo ello, probablemente a pesar de que los indicadores económicos venían avisando más de dos años antes de la gravedad de la crisis.

Sin embargo, el viernes la venta de títulos parece contenerse. El fin de semana es de auténtica reflexión y el lunes nuevamente la situación está en un estado que no permite adivinar si la caída pasada ha sido una de tantas, algo más dura que las anteriores, pero dentro de las normales correcciones bursátiles o si, por el contrario, era el comienzo de una crisis. Esto también es típico en una crisis bursátil, hay un momento de parón en el que muchos analistas afirman que es el momento de comprar, que las correcciones no tienen sentido (en agosto de 2011, en la bolsa española, se dio un caso similar justo en el momento más duro de la crisis), se producen caídas y subidas de vértigo hasta el punto de que el inversor se ve completamente sobrepasado por la situación.

La realidad de la crisis volvió de una manera abrupta el martes 29 de octubre, más conocido como Martes Negro; ese día el pánico vuelve con venta masiva de títulos sin que se le contraponga ninguna demanda que impida la caída continuada de las cotizaciones sin que sector alguno o valor esté inmune a las bajadas. Se produce una crisis de confianza en el sistema financiero provocando un efecto dominó: la situación arrastra a bancos y empresas. Muchos reclaman sus ahorros y se quedan sin ellos. No hay que olvidar que las entidades financieras han prestado dinero a particulares para su inversión en bolsa (inversiones a crédito).

Poco después, el parón del consumo en EE. UU. y la crisis financiera descrita acabarían por afectar a Europa. Además, el hecho de que en Europa la Gran Guerra haya acabado hace relativamente poco tiempo y las economías todavía no se hayan recuperado totalmente provocará una crisis aún más importante. La consecuencia más importante fue el ascenso del totalitarismo nazi y su afán expansionista, preludio de una nueva ofensiva bélica, la cruenta Segunda Guerra Mundial.

En algunos libros de economía se analiza la crisis como consecuencia de los bajos tipos de interés del momento, provocados por la sobreproducción, que a su vez fue un efecto de la Primera Guerra Mundial, a nivel internacional y, especialmente en EE. UU., cuando acaba la guerra la demanda baja y es necesario una política de créditos baratos y abundancia de dinero para alcanzar el equilibrio. Ante esta situación de tipos de interés en niveles mínimos, los inversores detectaron una oportunidad para invertir en bolsa y comenzaron a solicitar créditos a bajo coste para llevar a cabo sus inversiones. La facilidad de obtención de créditos por parte de los inversores hizo el resto.

Uno de los factores que pueden ayudar a identificar el nacimiento de una burbuja, y la posterior crisis, es justamente un periodo en el que convivan bajos crecimientos económicos y tipos de interés inusualmente bajos, combinados con fortísimas alzas bursátiles. Si uno piensa en los máximos alcanzados por el IBEX en 2007, cuando es evidente la situación de inicio de una deceleración económica con unos tipos relativamente bajos, se hacen evidentes los paralelismos. Una economía en la que los inversores pueden endeudarse para comprar acciones es una economía que probablemente esté viviendo una burbuja.

Amigo lector, huya de la bolsa si observa tipos especialmente bajos conviviendo con una crisis de fondo palpable. La bolsa no sube porque bajen los tipos, sino porque la economía vaya tan bien que empresas y particulares decidan invertir su dinero de manera rentable. La idea básica es que las bolsas deberían ser fieles reflejos de la situación económica, si esta es mala provocará como consecuencia la bajada de tipos. La posterior alza de la bolsa es un efecto derivado, pero no principal; es decir, si bajan los tipos es porque la economía está mal y, si esto se produce finalmente, por muy bajos que estén los tipos, la bolsa no puede (mejor dicho, no debería) subir. No hay por tanto que confundir causas con efectos: la bajada de tipos es una causa de la mala situación y no puede en sí misma generar una subida bursátil.

Si observa un periodo en el que las facilidades de obtención de crédito le sorprenden es que puede estar produciéndose una burbuja, los agentes financieros no están descontando adecuadamente los niveles de riesgo. La economía se está recalentando y es mejor observar el movimiento desde la distancia.

En cualquier caso, el problema de un «recalentamiento» en la concesión de crédito es que suele traer un contraefecto casi inmediato: cuando acaba esta situación se tiende a la contraria, esto es, a la iliquidez absoluta. El lector podrá, sin duda alguna, establecer sus propios paralelismos con la crisis en la que estamos ahora inmersos. Tras un periodo intenso de relajación monetaria y de laxitud bancaria en la concesión de los créditos (sobre todo inmobiliarios), ahora la situación es justamente la contraria, la iliquidez, aderezada como en el 29 por una evidente falta de confianza, tanto en el sistema financiero y sus reguladores como en las entidades financieras.

En julio de 2019 la prensa celebró que se escogiera como presidenta del Banco Central Europeo un perfil más proclive a bajar los tipos como Lagarde, al tiempo que el presidente Trump intenta forzar a la Reserva Federal a nuevas bajadas de tipos, lo que demuestra que tanto políticos, como inversores han olvidado relativamente rápido las lecciones de las últimas grandes crisis.

La burbuja financiera japonesa
La burbuja financiera japonesa plantea algunos paralelismos interesantes con la situación actual, sobre todo en EE. UU. Japón, a principios de los 80, había vivido el mayor periodo de expansión de la historia. Tras su derrota en la Segunda Guerra Mundial, la economía nipona había crecido a tasas a menudo superiores al 10 %, en un crecimiento casi ininterrumpido de varias décadas. Parecía que nada podía detener a una economía situada entre las tres primeras del planeta.

Pero nada más lejos de la realidad. Todo el superávit comercial de que gozaba Japón durante la década de los años 80 no se reinvirtió en nuevas inversiones productivas sino que, en muchos casos, fue canalizado a la compra de tierra y acciones. Los precios de estos activos comenzaron a crecer de una manera impresionante hasta el punto de que parecía imposible que se pudiera producir una crisis.

Tal y como ocurrió con la actual situación, son estos propios activos inmobiliarios sobrevalorados los que servían como garantía de préstamos que acababan en nuevas compras de acciones, en un círculo que parecía virtuoso y sin final aparente.

Durante el periodo de euforia, la masa monetaria creció a un ritmo del 9 % anual, y las revalorizaciones inmobiliarias situaron el total de los activos inmobiliarios japoneses hasta cinco veces por encima de todos los activos inmobiliarios de un país significativamente más grande como EE. UU. El papel del Banco de Japón, visto con perspectiva, fue poco responsable, al tiempo que los sucesivos ministros de economía glosaban las virtudes del modelo, despreciando los enormes riesgos del mismo.

En el periodo 1955-1989, el valor de los bienes inmuebles japoneses se había multiplicado por 75, y suponían el 20 % de la riqueza mundial, aproximadamente 20 billones de dólares. Solo el entorno metropolitano de Tokio tenía el mismo valor que todo Estados Unidos, y un distrito de la capital (Chiyoda-ku) valía más que todo Canadá. Si se hubiera vendido el Palacio Imperial de Tokio, se habría obtenido el equivalente al valor de todo el estado de California. Los 1990 campos de golf de Japón doblaban el valor de la capitalización de la bolsa australiana.

¿Cómo es posible que no se produjera una huida de los inversores hacia activos menos sobrevalorados? La palabra clave es que la sociedad estaba autoconvencida (la confianza en el propio activo, aunque sea totalmente irreal, es vital para entender este fenómeno) de que estas revalorizaciones no solo eran sostenibles sino de que, sobre todo, eran normales y solo podían prolongarse en el tiempo. De nuevo, todo el funcionamiento bursátil y económico se había corrompido de manera generalizada.

Los autores han participado e intervienen en medios de comunicación, han asistido a muchos seminarios, conferencias y debates sobre el sector inmobiliario y sorprende constatar cómo cuesta entender que los activos inmobiliarios (como cualquier otro) pueden bajar de valor. Antes de la crisis que comenzó en 2006, cuando exponíamos el ejemplo japonés muchos de nuestros alumnos afirmaban que esto se debía a la especial idiosincrasia nipona, la frase más repetida era «esto no puede pasar en España».

En realidad, con las diferencias evidentes que existen entre una economía y otra, la génesis de ambas crisis no es muy distinta; no hay que olvidar que durante unos años España comenzó a construir tantas viviendas como Alemania, Francia e Italia juntas. Algo a todas luces, completamente irracional en un país donde existen, y existían, no pocas viviendas vacías que, en gran parte intenta vender el «banco malo» creado para desintoxicar el balance de los bancos españoles, la SAREB.

El valor del índice que mide la evolución de las acciones de la bolsa japonesa, el Nikkei, se multiplicó por 100 en el periodo 1955-1990. Una sola empresa japonesa (Nomura Securities) valía más que todas las casas de bolsa norteamericanas juntas. En diciembre de 1984, el índice Nikkei alcanzó los 11 542 puntos. En diciembre de 1989, ya había alcanzado los 38 915 puntos. Tras el estallido de la burbuja, en junio de 1992, el índice Nikkei había caído hasta los 15 951 puntos.

Y todo ello no sostenido ya en una economía tan boyante; la competencia de las nuevas economías asiáticas (los tigres asiáticos) había hecho mucho menos competitiva a una economía que ya no crecía a las mismas tasas. Sin embargo, los analistas seguían justificando valoraciones a todas luces exageradas: no era raro ver cotizar a empresas a precios que suponían cien años de sus beneficios actuales (PER=100). La pregunta es ¿quién puede esperar cien años o más a recuperar la inversión vía beneficios?

Una vez lanzada la burbuja, mientras la confianza no se quiebra, no puede pararse, uno nunca sabe hasta donde es posible que suban las cotizaciones; de hecho, no puede esperarse que el mercado se autorregule. Es curioso que algo asumido para la economía en su conjunto y que ha permitido compensar los excesos del primer capitalismo industrial, no haya sido asumido en el capitalismo financiero desde los años 80.

El problema es que entre comienzos de 1988 y agosto de 1990 el Banco Central de Japón, ante el riesgo inflacionista de la economía y la depreciación del yen frente al dólar, decidió aumentar el tipo de interés bancario, que pasó del 2,5 % al 6 %. Los precios de las acciones sufrieron un fuerte descenso (entre enero de 1990 y agosto de 1992, el índice Nikkei perdió un 63 % de su valor) y los precios de los bienes inmuebles cayeron. Dado que las acciones tenían como garantía los bienes inmuebles, el sistema financiero entró en una grave crisis (no muy distinta de la crisis financiera provocada a partir de 2007 por la caída de los activos inmobiliarios).

La principal consecuencia de la crisis financiera fue el comienzo de una recesión económica que todavía continúa en el año 2016. A este periodo se le conoce en japonés como «década perdida» (en realidad, se va camino de la tercera década perdida en la economía japonesa).

El fenómeno del desempleo, inédito en el país en virtud del «gobierno de las empresas», apareció en la sociedad japonesa. En el año 2002, el desempleo era del 5,4 %. Debido a la pérdida de valor de los bienes inmuebles se produjo un efecto riqueza negativo, que redujo de manera importante el consumo. El precio de la vivienda no volvería a elevarse hasta pasados catorce años y lo haría un tímido 0,9 % de media. El *credit crunch*, consecuencia de la quiebra de numerosas entidades financieras, aumentó las dificultades de crédito y paralizó la economía.

Los paralelismos son evidentes con la crisis inmobiliaria japonesa: las entidades financieras en un momento de bonanza cometieron unos excesos que las llevaron, cuando estalló la crisis, a pasar justamente a la situación contraria, es decir, a no asumir riesgos a dejar de financiar a un mercado que se había acostumbrado al crédito. La quiebra de la confianza es la que ante un primer problema económico pincha la burbuja.

De nuevo, la clave es la convicción de que los activos inmobiliarios son seguros, que no pueden caer, a pesar de que cualquier valoración lógica de los mismos hubiera aflorado las inmensas sobrevaloraciones de estos. Un gobierno y Banco Central que no hacen su trabajo, unos inversores ávidos de rentabilidad que dejan la racionalidad de lado... son claros componentes de casi cualquier burbuja.

CAPÍTULO 6

LAS LECCIONES

La importancia de entender procesos de burbuja acontecidos en el pasado, así como sus procesos, que se repiten con una regularidad pasmosa, permite anticiparse a sobrevaloraciones de activos que puedan estar ocurriendo en la actualidad. Tanto la crisis iniciada en 2007 como la actual, alimentada por la pandemia del coronavirus, pueden ser explicadas con los mismos patrones del pasado; repasemos algunos de ellos.

1) **El efecto de la liquidez acompaña a las burbujas en la casi la totalidad de estas.** Con anterioridad a la crisis de 2008 hay una liquidez enorme en los mercados financieros, con dinero barato y asequible gracias a las facilidades para obtener financiación. Las subidas de tipos de la FED y del BCE acabaron con esa sensación (igual que ocurrió en la crisis del 29).

En la burbuja de los activos bursátiles de 2020 las autoridades monetarias han inundado de dinero los mercados hasta niveles nunca vistos; esto lo repasaremos en el último capítulo del libro.

Más dinero en los mercados implica caídas en la rentabilidad de los activos de renta fija y, por tanto, menos «competencia» para la inversión bursátil. Lo ocurrido en 2020 no tiene parangón puesto que los tipos negativos implican que hay que pagar a las autoridades emisoras para que «cuiden» el dinero invertido, por lo que por poca rentabilidad que ofrezcan las inversiones alternativas siempre resultarán más atractivas. En el siguiente cuadro se puede ver la evolución de la rentabilidad del bono alemán a diez años.

2) La burbuja no se produce, casi nunca, en un solo tipo de activos, sino que muy habitualmente también viene acompañada de fuertes alzas en los activos inmobiliarios, aunque no siempre en los mismos. Un ejemplo son los activos de titulización en los 2000, o las criptodivisas en los últimos años, todos ellos valorados muy por encima de la realidad y de los flujos reales que generan. La sensación del «todo vale» es típica antes de la crisis bursátil. La evolución del precio de la vivienda en España (m^2 y variación anual) aparece en el siguiente gráfico.

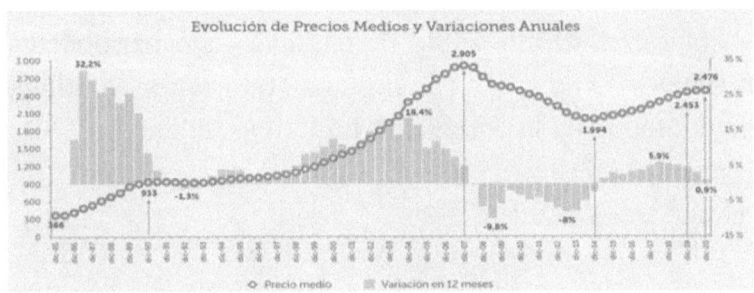

En este sentido, el comportamiento irracional de los mercados parece contagioso; la abundancia de dinero propicia que los inversores hagan apuestas por activos donde la especulación es más habitual, lo ocurrido con los activos de titulización en el pico de la burbuja que culminó entre 2007 y 2008 y, como este mercado, se hunde a niveles de menos de una quinta parte pocos años después, según muestra este gráfico con datos de la CNMV con los nominales de activos de titulización emitidos cada año.

Gráfico 3. Nominales Bonos de Titulización emitidos en España
Fuente: CNMV. Datos en Millones de Euros.

En la burbuja de los mercados que culmina en 2021, las criptodivisas han tenido un comportamiento absolutamente imposible de explicar bajo parámetros normales de mercados financieros, tal y como se refleja en el gráfico de la cotización bitcoin vs. dólar.

3) **Hay una crisis financiera y bancaria que suele acompañar a la burbuja.** ¿Acaso se ha olvidado la imagen de colas en los bancos norteamericanos en la crisis del 29? ¿o el cierre de los bancos en Argentina en 2001? No; la liquidez se corta, los bancos dejan de proveer crédito y el flujo monetario se resiente.

En el caso de la crisis del COVID-19, varios bancos centrales estiman que la morosidad del sistema podría duplicar, o incluso triplicarse, frente a los niveles previos a la pandemia; algo similar ocurrió tras la burbuja que comenzó a explotar en 2007 puesto que hubo sectores que multiplicaron su morosidad de manera exponencial.

En cualquier caso, el esquema suele ser:
• El Banco Central inyecta liquidez, casi siempre por una crisis en la economía real.

- Las condiciones de concesión de crédito se relajan.
- Los mercados financieros, pero también empresas y familias, se benefician de esta abundancia de dinero en buenas condiciones.

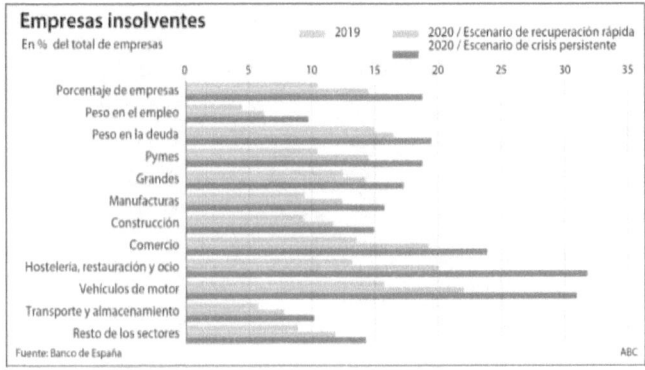

- La burbuja explota y se hace complejo pagar los créditos por muy ventajosas que fueran sus condiciones.
- Sube la morosidad de manera exponencial y se recorta drásticamente el crédito, empeorando sus condiciones.

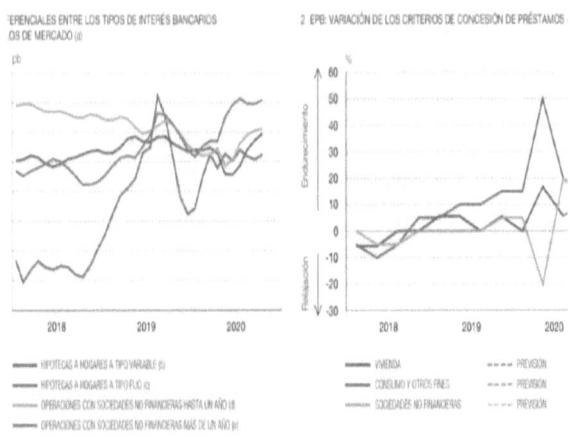

Esto queda demostrado igualmente en el gráfico sobre crecimiento del crédito en las dos crisis/burbujas antes citadas:

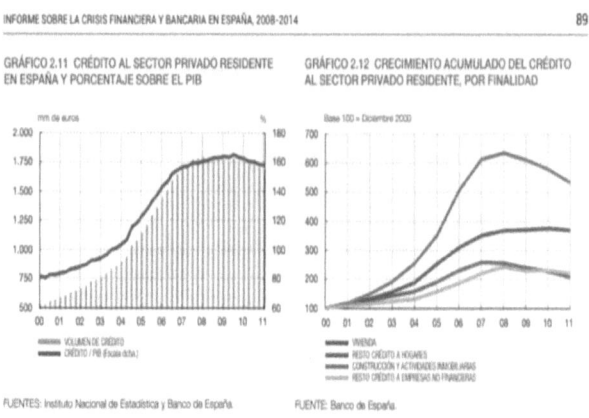

Como puede comprobarse, en ambas burbujas se produce un incremento del crédito que se corta de manera abrupta, preludio casi siempre de la siguiente fase de caída bursátil.

4) **Otra de las lecciones que nos enseñan las burbujas es cómo la emisión monetaria y la liquidez acaban afectando de manera dramática a las divisas.** El patrón oro que se llevó por delante la crisis del 29 es similar a la crisis del euro, nos guste o no. El patrón oro reflejaba unas paridades irreales y el abandono del mismo devolvió a los inversores a la realidad.

En Europa, el gasto público disparado y el dinero fácil para los gobiernos ha creado una sensación de irrealidad monetaria que el uso del euro no hace sino perpetuar. El apoyo del Banco Central Europeo a los gobiernos de los países que componen el euro ha provocado que una gran parte de la deuda pública emitida haya sido comprada por el banco emisor, en España más del 30 %.

Probablemente en los años 30 faltó voluntad política y cada Estado hizo su guerra con escasa voluntad de mantener el patrón oro. Hoy la situación es distinta en el hecho de que la construcción europea ha avanzado mucho, pero muy similar en el sentido de que el enorme crecimiento de la masa monetaria pone en peligro la credibilidad de la divisa europea (y del dólar). O cambia la voluntad política o pasará lo mismo, tal y como enseña la historia.

5) Una de las lecciones más evidentes de las anteriores burbujas es que sus pautas se repiten hasta la saciedad.

Comparar la burbuja del Nasdaq actual con la de *puntocom* de 2000, o la del bitcoin con otros activos de escaso valor de uso (tulipanes) o tantas otras, permite entender de una manera muy clara cómo nacen, se desarrollan y acaban estos procesos de extremada especulación

Pero la pregunta clave es ¿qué hacer si creemos que hay una burbuja en el activo que hemos invertido? No ser avaricioso: ¡tome el dinero y corra!

CAPÍTULO 7
LAS BURBUJAS QUE VIENEN

Aunque es imposible predecir cuáles serán las burbujas del futuro, sí hay una gran realidad: habrá burbujas financieras y estás afectarán, sobre todo, a los sectores que estén más de moda en ese momento. Una de las pocas verdades absolutas que se pueden sostener incondicionalmente en los mercados financieros es la prevalencia del *herd investing*[4]. En este sentido se pueden apuntar al menos algunas que se citan a continuación, sin ánimo de ser excluyentes.

Los nuevos métodos de transporte

La sociedad, cada vez más concienciada, demanda nuevos métodos de transporte que sean más ecológicos y sostenibles. A este respecto, el gran problema de los inversores es que ahora mismo no está clara qué tecnología va a triunfar; existen diversas tecnologías concurrentes:

- Tecnologías híbridas que aprovechan alguna de las ya existentes (gasolina, diésel) combinadas con

---

4 *Herd investing* es un término que expresa que muchos inversores actúan como un «rebaño», son meros seguidores de las ideas que están de moda.

otras consideradas más adecuadas como la electricidad o el gas licuado. Estas tecnologías las proporcionan la práctica totalidad de los fabricantes ya presentes en el mercado como, por ejemplo, Toyota.

• Tecnología a través de la combustión de diversos gases como el hidrógeno o el gas natural licuado. Esta también la están suministrando empresas ya existentes o incluso pequeños proveedores que ofertan la conversión de vehículos tradicionales en híbridos (sobre todo con gas licuado).

• Tecnología de motor eléctrico, en algunos casos proporcionada por los antiguos productores pero, sobre todo, ligada a algunos nuevos entrantes, siendo Tesla el más conocido, aunque algunos otros como NIO muestran también una fuerte revalorización desde su salida a bolsa.

La enorme dificultad de saber qué tecnología predominará en unos años, combinada con la moda del sector, ha impulsado la creación de excesos valorativos sobre todo en la empresa Tesla que, en enero, de 2021 cotiza a casi 1700 veces beneficios.

Los ratios de la empresa, amén de la increíble revalorización, son una señal de que el valor se encuentra en una tremenda burbuja valorativa, algunas otras señales son:

- Beneficios por acción muy bajos. De hecho, en 2021 se espera apenas un beneficio por acción en el rango 0,4-0,5 dólares, por lo que el valor debería duplicar cada año su beneficio entre 2021 y 2028 para llegar a los ratios valorativos de Volkswagen; de igual manera tendría que pasar en ese plazo de entregar 500 000 vehículos a 32 millones.
- Valoración bursátil que la convierte en la empresa de automoción más valiosa y a su principal accionista en el hombre más rico del mundo.
- Ratios valorativos que multiplican por varias decenas los de sus competidores.
- Un presidente (Elon Musk) convertido en líder de opinión que incluso se ha negado en alguna

ocasión a hablar con los analistas financieros, pero que tiene una elevadísima presencia en medios. Cualquier cosa que diga o haga su CEO se convierte en tendencia. Esto es muy típico de los procesos de burbuja, más que la racionalidad para invertir, se usa una fe ciega en un nuevo paradigma, normalmente cada vez más difícil de justificar, o bien en un líder carismático; desde luego, el líder de Tesla cumple todos los requisitos

• Muchos problemas para alcanzar los objetivos logísticos (más de un año de retraso), sin que ello sea penalizado por el inversor. En estos años, la enorme demanda de sus productos les ha obligado a abrir nuevos centros de producción, algunos como el alemán con enormes problemas y mucho retraso acumulados. Sin ellos, las perspectivas de conseguir llegar a las cifras de producción y facturación que necesita para satisfacer las perspectivas de los inversores serían directamente imposibles.

Es muy típico de las burbujas: las noticias negativas no se descuentan en los precios, solo aquellas positivas, provocando unas expectativas totalmente desaforadas en bolsa.

• Una enorme discrepancia entre la valoración de los bonos emitidos por Tesla (calificados como *junk bonds* o bonos basura durante muchos meses) y la exuberante marcha en bolsa.

Sin titubeos, este es un sector donde hay que invertir, pero no es menos cierto que existen muchas dudas sobre la capacidad de Tesla (y de otros competidores) de mantener un liderazgo a largo plazo. Hay que pensar que el panorama dentro de unos años muy difícilmente haya hecho desaparecer a los jugadores actuales, del mismo modo que los bancos *online* tampoco acabaron con los bancos tradicionales, es razonable esperar que en este sector ocurra algo similar y las valoraciones de Tesla, y otros como NIO, acaben convirtiéndose en jugadores más tradicionales con ratios parecidos.

La mal llamada economía colaborativa
No es fácil definir la economía colaborativa, pero se puede entender por tal aquella que intenta fomentar el consumo de bienes y/o servicios a través de un enfoque «colaborativo»; o, dicho de otro modo, en el que ambas partes en la transacción salen beneficiadas.

En ese sentido, empresas como UBER sugieren la colaboración entre conductores y potenciales usuarios de servicio de transporte. El modelo en sí mismo plantea enormes problemas:

- Primero, por la posible competencia desleal en el ejemplo anterior con sectores como el del taxi, en el que en la mayor parte son necesarias licencias (y también seguros de transporte).
- Segundo, porque pueden enmascarar contratación sumergida, tal y como está ocurriendo con recientes sentencias como, por ejemplo, contra Glovo o Deliveroo.

Hay muy pocas empresas de economía colaborativa que coticen, pero, en cualquier caso, en las rondas de financiación previas a la salida a bolsa muchas de estas empresas han alcanzado valores muy notables, a modo de ejemplo:

- Una empresa «local» como Cabify fue valorada a unos 1200 millones.
- UBER tras una salida a bolsa no especialmente exitosa cuenta con una capitalización bursátil próxima a 100 000 millones de dólares.

Sorprendentemente, durante la crisis del COVID-19, una compañía de transporte ha conseguido marcar nuevos máximos. Es cierto que hay algunas partes de la empresa, como UBER EATS, que se han visto favorecidas por la pandemia y los confinamientos, pero no es menos cierto que las principales líneas de negocio de la empresa se han visto muy negativamente afectadas. ¿Cómo puede una empresa, ya con una cierta historia a sus espaldas, tener casi 4 dólares de pérdida por acción y valer más de 100 000 millones de dólares en medio de un entorno económico no favorable? De nuevo, acaban creando expectativas irracionales.

• Airbnb sí ha tenido una fulgurante salida a bolsa, más que doblando el precio de la OPV y llegando a valoraciones próximas a los 100 000 millones; la gran duda es cómo una empresa en pérdidas y en mitad de un periodo muy complejo para los operadores turísticos puede tener un comportamiento tan espectacular. Solo la tan manida explicación de las expectativas puede ayudar a entender lo que pasa con este valor en bolsa.

• Incluso empresas como Glovo, a una menor escala, han sido valoradas en fase muy incipiente de negocio y con enormes problemas legales con valores muy elevados (en el caso que nos ocupa, 70 millones).

Estamos ante una potencial burbuja en un sector que, al igual que Internet en 2000, está en una fase incipiente (prebolsa), pero con ratios valorativos de sector pujante y en números verdes (lo que no siempre es el caso). Hay que vigilar mucho las futuras salidas de estas empresas al mundo bursátil para intentar evitar la formación de una burbuja valorativa, aunque probablemente ya sea tarde.

La burbuja aeroespacial
En muchos libros se habla de lo importante que será el mercado aeroespacial en el futuro. De hecho, este es un

negocio que ha pasado de manos públicas a privadas en las últimas dos décadas generando una boyante industria. Los principales jugadores en el mundo de la construcción de satélites o de componentes, cualesquiera que sean, de naves espaciales son:

Space X
Boeing
Airbus
Lockheed Martin
Northrop Grumman
Thales Alenia
Orbital ATK
Raytheon
Harris Corporation
Honeywell
Sierra Nevada Corporation
Leonardo (Finmeccanica)
Ball
OHB SE
SITAEL
MacDonald, Dettwiler and Associates Ltd. MDA
Korea Aerospace Industries, Ltd.
Satrec Initiative
Kongsberg
Elecnor Deimos
Magellan Aerospace
Quinetiq Space
Surrey Satelite Technology Ltd. SSTL
Mitsubishi Electric

Como se puede comprobar, hay todo tipo de empresas grandes que han decidido diversificar su negocio en este ámbito, como compañías especializadas, de un tamaño inicial relativamente pequeño, cuyo mayor representante es, sin duda, Space X.

Es muy complicado conocer la aportación del negocio aeronáutico de las grandes firmas a su valor de mercado, como por ejemplo Mitsubishi, y muy pocas de estas empresas «especialistas» cotizan en bolsa. Una de las pocas que sí lo hace es Magellan que tras haber multiplicado su valor en bolsa por 7 veces en cinco años parece haber moderado mucho sus subidas.

Pero es otra empresa de Elon Musk, Space X, la verdadera reina del sector. La compañía se valora en las rondas de financiación cerca de los 100 000 millones, con unos beneficios que superan por poco los 100 millones; es decir, una impresionante cifra de casi 1000 veces sus resultados.

Es cierto que Space X ha conseguido resultados increíbles, ha volado a la Estación Espacial Internacional, ha conseguido reutilizar cohetes e, incluso, ha puesto en órbita a un coche de Tesla pero, desde luego, no parece que su valoración responda a criterios objetivos. El espacio es la nueva frontera y hay muchos jugadores intentando quitarle el puesto a Space X; sus ratios valorativos no reflejan la dureza de la competencia ni lo escaso de sus resultados.

La burbuja de las energías renovables

En medio de un proceso de burbuja, los inversores y analistas justifican cualquier valoración de una empresa. Además, otro fenómeno común en la inversión es que se puede distinguir entre lo que se podría denominar sectores «bien vistos» por el inversor (por ejemplo, farmacia en la actualidad) y los sectores «mal vistos» (ahora mismo, los sectores bancario o turismo, por nombrar algunos). Una vez que los inversionistas se han convencido de la bondad de la inversión, por muy malas noticias que se produzcan en el valor/sector escogido, seguirá convencido de su elección. En realidad, el fenómeno de la «rotación sectorial» no deja de ser, de alguna forma, muy parecido a una moda pasajera que explica qué determinados valores/sectores están bien o mal considerados, de tal manera que un año el rojo está de moda y, al año siguiente, cualquier prenda de ese color se considera un atentado al buen gusto.

El autoconvencimiento es un factor inherente a una burbuja. Ahora mismo, si hay un sector sobre el que exista es el sector de las energías renovables: el paradigma de que la nueva economía será mucho más sensible con el medio ambiente y eso impulsará este tipo de energías -y, por tanto, las cotizaciones bursátiles- del mismo modo que existía el paradigma de que toda la economía se iba a internetizar hace unos años.

Sin embargo, ¿hay motivos para pensar que se esté asistiendo a una burbuja financiera? Uno de los países que primero incentivó la producción de energía renovable con fuertes primas fue España. Veamos lo que ha pasado con estas empresas. La mayor compañía del sector de entre las que han cotizado en España es Iberdrola Renovables. Cuando salió a cotizar lo hizo a un ratio, precio-beneficio de 100 veces (es decir, que un inversor debería esperar cien años a recuperar su inversión con sus beneficios de aquel momento). Al final, la propia matriz, Iberdrola, tuvo que recomprar las acciones de su filial; el propio gráfico de los tres años en los que la empresa cotizó es autoexplicativo.

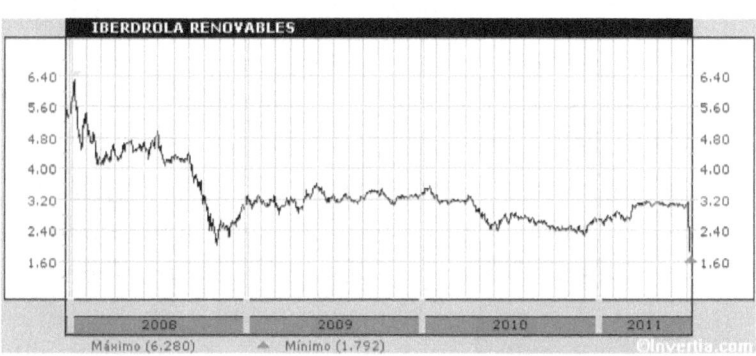

Además, a esto se unía en el caso de Iberdrola Renovables, una de las más bajas rentabilidades por dividendo de toda la bolsa. Estas dos características son muy comunes a las burbujas bursátiles: PERs muy altos y rentabilidades por dividendo a veces casi nulas suelen acompañar a la especulación bursátil sobre un sector.

Sin embargo, a pesar de la mala marcha bursátil de muchas de estas empresas, si hoy se preguntase a los analistas e inversores sobre este sector seguramente habría consenso y sería que hay que huir de los ratios tradicionales y que este sector es uno en los que ineludiblemente hay que invertir. Otra de las características de las burbujas es que los propios analistas no aplican las herramientas tradicionales para valorar a estas empresas.

En un artículo interesante de Cinco Días, del 8 de diciembre de 2007, se apuntaba un curioso indicador: la valoración bursátil por cada empleado de una empresa de media en el IBEX es de medio millón de euros de capitalización por cada empleado. Hay casos en los que la extraordinaria productividad se premia con ratios más elevados; por ejemplo, Google capitalizaba 11,6 millones por empleado.

Terra llegó a tener una capitalización de 39 130 millones o, dicho de otra manera, 17 millones por empleado. De haber salido Iberdrola Renovables a cotizar en el máximo de la banda orientativa de precios, habría cotizado a 19,8 millones por empleado. Con las cifras en la mano, es difícil no argumentar que son ratios de burbuja financiera.

Cuando observe que los analistas le dejan de hablar de beneficio, de dividendo, de comparación con otros valores, y le hablan solo de crecimiento y de perspectivas de futuro, probablemente ese es el momento

de salir: hay grandes probabilidades de que esté ante una burbuja. Además, hay una serie de datos que el lector podrá tener en cuenta a la hora de valorar si está o no enfrentándose a una:

- De nuevo, como en la burbuja *puntocom*, se han colocado en bolsa filiales de empresas para potenciar un mejor comportamiento bursátil.
- Iberdrola Renovables llegó a tener una capitalización de la mitad que su matriz Iberdrola, sin embargo, apenas si aportaba el 10 % de la energía generada.
- En su precio máximo de salida, los 29 000 millones de capitalización de Iberdrola Renovables superan en un 50 % la capitalización de 17 500 millones que tenía toda Iberdrola en 2006.

En cuanto a otras empresas cotizadas del sector como, por ejemplo, Solaria y Fersa, los ratios de salida fueron similares indicando que no se trata de una valoración puntual de una empresa sino seguramente de un

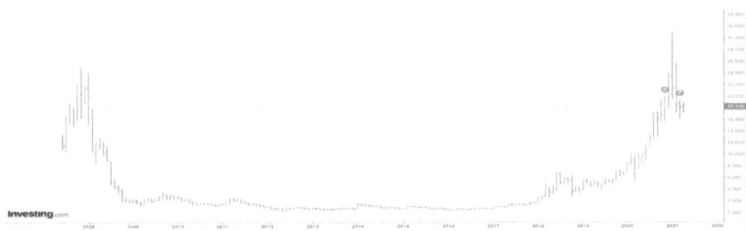

SOLARIA ENERGIA Y MEDIO AMBIENTE, Spain, Madrid (CFD): SLRS, M

cambio en la percepción total sobre el sector que se ha demostrado errónea.

El gráfico de Solaria muestra que la salida a bolsa se realizó con un precio totalmente insostenible.

Los compradores en el proceso de OPV lo hicieron a precios absolutamente fuera de toda lógica y estuvieron perdiendo dinero hasta que la nueva fase de autoconvencimiento toma forma, aproximadamente a inicios de 2020.

Y el sinóptico de Audax (antes denominada Fersa) tampoco es muy diferente, con el inconveniente de que la recuperación de los últimos tiempos sigue dejando al valor a menos de la mitad de su primer precio de salida a bolsa.

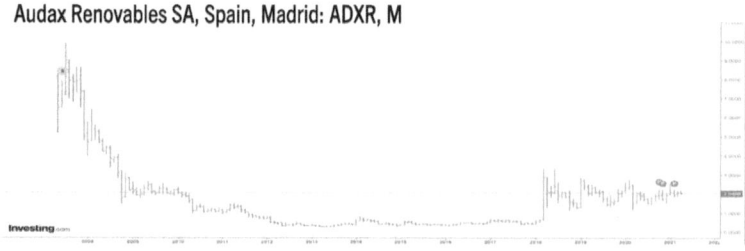

Audax Renovables SA, Spain, Madrid: ADXR, M

Se crearon expectativas en los inversores que, claramente, no eran sostenibles en la salida a bolsa, ¿lo serán ahora? En su momento, la burbuja estalló, entre otras cosas, porque el sector era a todas luces dependiente de la regulación y subvenciones estatales. De nuevo, la intervención pública generó en parte una valoración excesiva que los recortes de los gobiernos del PP a este tipo de subvenciones hicieron volver a la realidad.

Hay que ver si el nuevo marco jurídico y la mayor autonomía de las empresas de energías renovables hará que este nuevo ciclo no sea una nueva burbuja.

Las increíbles expectativas sobre la tecnología

Los autores de este libro son personas claramente pro-tecnológicos, pero esto no impide que reflexionemos sobre el excesivo optimismo; ya hemos indicado algunas burbujas en este ámbito como la liderada por Tesla, pero hay muchas más.

El caso de Netflix
Un simple vistazo a su gráfico puede explicar muy bien por qué el valor podría considerarse una burbuja.

El confinamiento ha impulsado de manera exponencial la cotización de la empresa hasta el punto de que cotiza a unas 100 veces beneficios; esto sería justificable en una empresa en plena fase inicial con beneficios moderados y altas posibilidades de crecimiento.

Hace tiempo que esto ya no es así en Netflix; uno de los grandes problemas de esta empresa es que, cada vez más, va a tener que enfrentar una durísima competencia: Disney, Amazon Prime, HBO... va a ser muy difícil no ya solo crecer sino incluso mantener los actuales niveles de suscriptores.

Por otro lado, la empresa, sujeta a una enorme y creciente competencia, cada vez está asumiendo un mayor grado de gasto fijo -en forma de producciones cinematográficas, series, documentales, etc.- para hacer frente, de momento de manera muy exitosa, y haciendo muy difícil cumplir con las expectativas que los ratios actuales reflejan.

No parece que haya suficientes habitantes en el mundo como para sostener estos niveles valorativos, dado que ya cuenta con unos 200 millones de suscriptores (que pueden ser más de 600 millones de familias), para alcanzar un nivel razonable de 20-25 veces beneficio esta empresa debería tener aproximadamente 2000 millones de suscriptores cosa difícil en un servicio de pago. A modo de ejemplo, Facebook cuenta con unos 2400 millones de cuentas.

Las falsas tecnológicas
En los últimos años ha habido abundantes ejemplos de empresas que se publicitan como tecnológicas y que, en realidad, no son sino valores en sectores tradicionales que han conseguido vender una imagen completamente sesgada de ellas mismas. Tal vez los dos grandes ejemplos sean WeWork y Theranos.

WeWork tuvo un crecimiento espectacular durante casi una década, se trataba de una empresa con «alma» de Silicon Valley y «cuerpo» de inmobiliaria de oficinas para el *coworking* con presencia en más de un centenar de países. WeWork intentó convertirse en la gran salida a bolsa en septiembre de 2019.

Esta empresa fue valorada en 42 000 millones de dólares por la japonesa Softbank, lo que la convertiría en una de las mayores inmobiliarias del mundo. Gracias a las facilidades de crédito y a la reputación proporcionada por el prestigio de SoftBank -su segundo accionista mayoritario, que había inyectado más de 4000 millones de dólares en la última ampliación de capital-; y, con el liderazgo del «último gran CEO del *"mundo startup"*», Adam Neumann, cofundador de la propia WeWork, se la consideró la siguiente Tesla o Amazon

La realidad fue muy distinta: Neumann no resultó ser el nuevo Bill Gates, Steve Jobs o Elon Musk. De hecho, ya no es el CEO de WeWork, de WeCompany (WeCo) como se la renombró tras el fiasco (cosa muy típica cuando explotan las burbujas), o como quieran renombrarla próximamente. La salida a bolsa de WeWork se suspendió indefinidamente. Esos 42 000 millones de dólares son hoy una mísera fracción. Neumann ya no aparece en la lista de milmillonarios, «y es improbable que vuelva a aparecer», sentenciaban en Forbes. Se calcula que el valor de sus acciones no llega ni siquiera al millón de dólares.

Se produjo un fiasco en el que contribuyeron varios elementos y donde en nada ayudó el errático comportamiento de Neumann y su familia. Un inciso antes de seguir: su mujer, Rebekah Paltrow Neumann, prima de Gwyneth Paltrow, también era directora de marca en la empresa antes de que ambos fuesen obligados a renunciar en el consejo y fundadora de una escuela privada de primaria llamada WeGrow, que también cerrará. Neumann había fundado WeWork en 2010, tras dos fracasos previos: una inmobiliaria similar de escaso recorrido, y una empresa de ropa para bebés. Con WeWork, empezó a acercarse a su sueño de ser milmillonario y famoso en todo el mundo. Y eso que el negocio, aunque vendido como si fuese una *startup* tecnológica, en realidad era más cercano a una inmobiliaria clásica, aunque desmesurada: WeWork invertiría en alquileres de grandes espacios de oficinas, y los fragmentaría para que cada autónomo tuviese su rinconcito de *coworking*.

El primer problema vino derivado de que una cosa es la valoración de las empresas salvajes de Silicon Valley -esos 42 000 millones de dólares, que eran tan etéreos como los sueños y tan volátiles como el tequila en las fiestas de la empresa- y otra cosa muy diferente es la lógica de los procedimientos bursátiles.

Los números eran tan poco creíbles que la SEC (Comisión del Mercado de Valores estadounidense), revisando las cuentas, forzó un tijeretazo a la valoración desde los 42 000 millones hasta los 18 000 (sana envidia puesto que el papel de la mencionada CNMV rara vez ha conseguido evitar salidas a bolsa a precios desorbitados). Dado que no había cifras que poner en valor, el nombre de Neumann se mencionó 169 veces, como si fuese un valor en sí, el famoso «culto al líder» tan típico.

El otro problema vino derivado de que a Neumann y su familia les perdía la codicia en minúsculas. Solo así se explica que el *Wall Street Journal* destapase un esquema que convertía las oficinas de WeWork en una pirámide de Ponzi y un castillo de naipes financiero. Tanto la valoración como la codicia tenían el mismo punto en común. Dependía del ladrillo aunque operase como una empresa *tech*, de las que se alimentan de capital riesgo hasta que aciertan con el modelo de negocio, como Facebook: primero crecemos quemando dinero y luego ya nos planteamos cómo sacar dinero a todos esos usuarios. El ladrillo es una cosa cara, sólida, muy poco disruptiva y nada dinámica, a menos que cojas uno y lo lances. WeWork tenía que gastar mucho, muchísimo dinero para hacerse con los mejores espacios y luego poder realquilarlos. Y, en teoría, WeWork no invertiría en propiedad. Solo alquilaría. WeWork, en origen, no iba a comprar los espacios de los que dependía su negocio -algo sobre lo que Amancio Ortega podría darles lecciones- pero Adam Neumann sí.

La investigación del Wall Street Journal puso de relieve un pequeño escándalo: Neumann, independientemente de WeWork, compraba oficinas que luego alquilaba a WeWork. A todos los efectos, era su propio casero. Si esto suena sucio, preguntémonos cómo conseguía el dinero para comprar esas oficinas. Una de las posibles respuestas está en los documentos que tuvo que facilitar en agosto para poder salir a bolsa: con préstamos millonarios que WeWork le hacía, al 0,64 % de interés. Es decir, el director ejecutivo de una compañía dedicada al negocio inmobiliario compraba propiedades para alquilar a su empresa y, al mismo tiempo, se concedía préstamos millonarios desde su empresa. Estamos hablando de un esquema en el que hay en juego millones, de acuerdo. ¿Cinco millones, veinte? ¿Más de 300 millones de dólares, como en un último préstamo que pidió para comprar opciones sobre acciones de su propia empresa y luego restituyó en forma de esas acciones? ¡Estamos hablando de alguien que tenía entre manos una salida a bolsa miles de millones de dólares!

Pero la codicia de Neumann no tenía freno. En plena reorganización interna para salir a bolsa, WeWork decidió cambiar su marca -recordemos, la responsable de ese apartado era la esposa de Neumann- y llamarse The We Company, una marca registrada que era propiedad de Neumann y por la que WeWork le pagó 5,4 millones de dólares. Algo que también quedó en evidencia durante la fallida operación y que llevó a Neumann a devolver ese dinero a la compañía, cuando ya empezaba a mostrar pies de barro y el consejo de administración le obligó a limitar su poder de votación, hasta entonces absoluto. Jugarse el sueño de una vida, a tres peldaños del triunfo total, por cinco millones de dólares.

Aunque, en realidad, el triunfo total solo existía en los discursos alimentados por el tequila del CEO. Desconfiad de quien os diga -y parezca que se lo cree- «¡Tenéis superpoderes!», como gritaba a los empleados. Neumann, de hecho, afirmaba tener un superpoder: «el superpoder del cambio». WeGrow, el plan de Rebekah Neumann para crear escuelas privadas para jóvenes talentos, tenía como misión «desatar los superpoderes de cada ser humano».

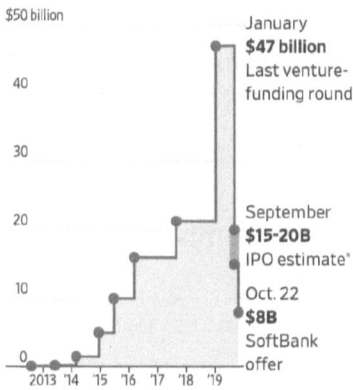

Evolución del valor de WeWork

La realidad es que se intentó sacar a bolsa una empresa con unas pérdidas previstas de 690 millones de dólares nada más anunciar su deseo de salir al parqué. Con préstamos por devolver (los de WeWork, no los de Neumann) que suponían, como mínimo, 300 millones más en pocos meses. Teniendo que justificar su doble función como casero y beneficiario. Y todo entre fiestas organizadas por familiares a los que contrataba a dedo y que podían superar los 30 millones de dólares de presupuesto ¡y el total de la valoración previa a salir en bolsa casi llegó a los 50 000 millones! ¡Menuda burbuja!

¿Qué decir de **Theranos**? La archiconocida Elizabeth Holmes fundó la compañía en 2003 pero irrumpió en escena en 2014, engalanando la portada de revistas como *Fortune* como una rara incorporación femenina al cuadro de empresarios tecnológicos; se la vendía como la nueva Steve Jobs.

Su idea era fabricar máquinas (llamadas Edison) que analizarían muy diversas enfermedades con un solo pinchazo y un pequeño frasco, apodado *nanotainer* (nanotenedor, de nano y contenedor), en lugar de tener que visitar a un flebotomista para que llenara tubos de sangre con una aguja.

Como idea era buena, pero sus máquinas Edison nunca funcionaron. La empresa enviaba las muestras a laboratorios tradicionales para hacer los análisis. Para blanquear el nombre de la empresa formó un consejo en Theranos con exestadistas de edad avanzada, como los exsecretarios de Estado Henry Kissinger y George Shultz, por no mencionar los más de 750 millones de dólares que captó en capital privado

La empresa se valoraba como tecnológica, pero no tenía nada que le hiciera merecedora de ese calificativo. Los resultados que daba la empresa a los pacientes eran inexactos, la compañía hizo todo lo posible por ocultar sus fallos.

Silicon Valley cree en el fracaso, y muchos empresarios y *startups* tienen que aguantar durante años o pivotar, como les gusta decir, en nuevas direcciones antes de tener éxito (o darse por vencidos). La diferencia con Theranos, podría decirse, era de grado: el uso de tecnología imprecisa en pacientes vivos cruzaba algún tipo de línea y, en cierto momento, el encubrimiento se convirtió en algo más que un caso de «fracasa hasta que lo logres».

En 2018 Holmes pagó 500 000 dólares a la SEC para compensar los cargos civiles de fraude; desde luego era una estafa tan burda que sorprende que estuviera a punto de conseguir salir a bolsa con una valoración rutilante.

Lo cierto es que las burbujas seguirán existiendo. Muchas empresas del Nasdaq, las criptodivisas, la renta fija, las falsas tecnológicas… parece que vivamos en lo que Nietzsche llamaría «el eterno retorno» y nos encontraremos permanentemente cometiendo los mismos errores al invertir. Esperemos que el lector haya podido extraer algunas conclusiones de la lectura de este libro.

ACTUALIZACIÓN

Apenas ha transcurrido un año desde que la primera edición en español de este libro vio la luz y prácticamente todas las burbujas que se mencionaban han acabado por explotar, en mayor o menor medida, con excepción de la burbuja inmobiliaria.

El *CRYPTO CRASH*

En apenas dos meses se han esfumado la friolera de 2,5 billones de dólares, casi dos veces el PIB de España. Es muy importante entender que la caída se produce desde mediados de 2021 y, sobre todo, en 2022 por factores que ya venían manifestándose con bastante anterioridad:

- En el caso del bitcoin, la subida de costes del minado por el encarecimiento del precio de la energía ha dado lugar a la disminución de la rentabilidad de los mineros.
- Muy relacionado con esto está el hecho de que el consumo de energía ha crecido de manera exponencial hasta el punto de que el minado de bitcoin puede llegar a la demanda de energía de un país como Francia.

- La tecnología del bitcoin se ha vuelto obsoleta en comparación con otras cripto; no deja de ser llamativo que su tecnología siga siendo básicamente la misma que la del momento de su creación en 2008.
- Así mismo, la «institucionalización» que comenzó con los primeros mercados de futuros no ha servido, por desgracia, para un mayor uso como medio de pago de actividades en la economía real, sino para que nuevos inversores con menos experiencia apuesten por un activo de elevado riesgo, seguramente fuera de su perfil.
- No menos importante es el hecho de que en el mundo cripto existen muchos activos de escaso o nulo valor intrínseco, entre otras muchos los conocidos como *meme coins*, que se iniciaron como una mera broma y que han atraído a inversores cuyo único afán ha sido la obtención de un beneficio muy rápido sin ningún tipo de base inversora.

A la hora de escribir estas líneas (julio de 2022) el bitcoin ha perdido 50.000 dólares desde sus máximos en 69.000, muy cerca de sus anteriores niveles de diciembre de 2017; esta burbuja, desde luego, ha explotado con fuerza tal y como puede observarse en el siguiente gráfico:

BTC/USD; Binance: BTC/USD, W

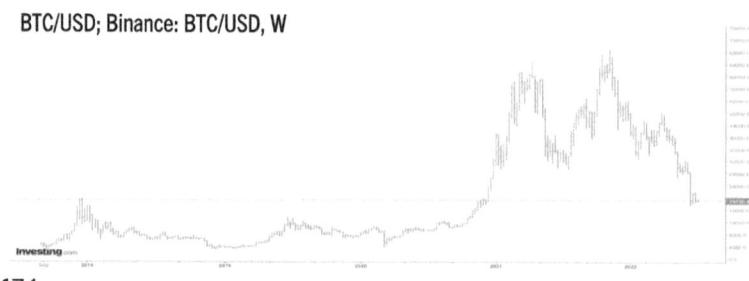

Por no hablar de muchos de los activos relacionados con el mundo *blockchain* y sin gran valor intrínseco, además de las *meme coins*, algunos NFTs, etc. que, en considerables casos, han sufrido pérdidas superiores al 90%, tal y como puede verse en el gráfico de Doge (julio de 2022).

O en la evolución del precio de los NFTs ligados a los *cryptokitties*, uno de los más conocidos tokens no fungibles.

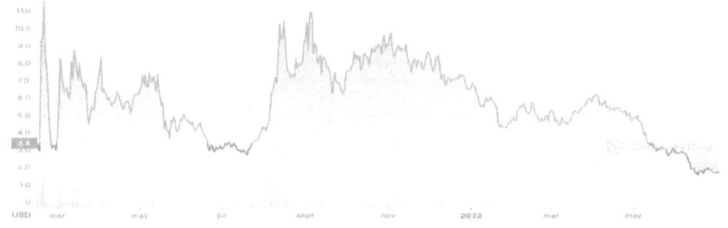

Probablemente, tras esta burbuja se producirá un reajuste de los mercados cripto de manera similar a lo que ocurrió con Internet al inicio del siglo XXI. Los excesos valorativos deben corregirse y separar el grano de la paja de manera que aquellos productos basados en la tecnología *blockchain* que aporten valor puedan continuar. Con toda seguridad, el *crypto crash* ha sido lo mejor que podía ocurrir, bajo una perspectiva a medio y largo plazo, para esta tecnología que, sin duda alguna, presenta innegables atractivos.

EL *CRASH* DE LA RENTA FIJA

Esta burbuja era una de las más longevas desde que Mario Dragghi puso en pie un programa de ayudas a los países más afectados, pero sin duda también una de las más absurdas porque países con evidentes problemas presupuestarios conseguían tasas de financiación, en muchos casos, negativas.

Con la crisis del COVID-19 esta burbuja se hizo evidente; el aumento de la masa monetaria fue una de las causas de que la inflación, a finales de 2021 y 2022, se incrementará a niveles no vistos en 40 años.

Bastó el mero aviso de un cambio de orientación de la política monetaria para que se produjeran fuertes pérdidas, tal y como se puede ver en los futuros del bono americano.

Indudablemente, poco a poco los tipos volverán a la senda de la normalidad reflejando la realidad del bi-

US 30 Year T-Bond Futures, United States, CME:USU2, W

nomio inflación/riesgo, y esto será beneficioso para la economía en su conjunto.

LA TECNOLOGÍA

La caída de los valores tecnológicos se puede considerar como muy importante desde sus máximos de 2022, tal y como puede apreciarse a continuación en el gráfico del índice NASDAQ:

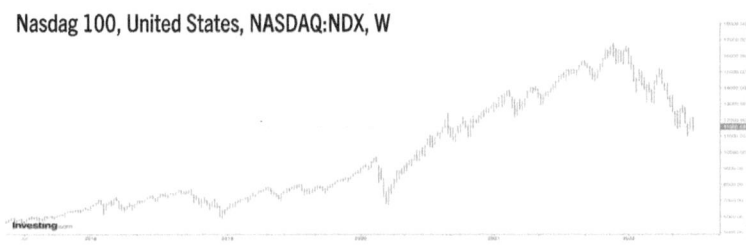

Nasdag 100, United States, NASDAQ:NDX, W

En verdad, la gestión de las expectativas sobre el futuro de la tecnología había sido demasiado optimista, hasta el punto de que empresas que se habían beneficiado de la crisis del COVID-19 descontaban tasas de crecimiento poco o nada realistas en un entorno económico crecientemente complejo; tal vez el mejor ejemplo sea Netflix.

Netflix Inc, United States, NASDAQ: NFLX, W

Es un fiel reflejo de que las previsiones del mercado no eran sostenibles en una empresa muy beneficiada por la pandemia, pero que afrontaba una competencia múltiple y creciente, y unos costes fijos cada vez más difíciles de asumir.

Esto no quiere decir, en absoluto, que dicha firma no sea una excelente empresa; muy al contrario: es tan sencillo como que las expectativas bursátiles eran completamente desmesuradas. Algo muy similar puede decirse de lo acontecido con Tesla en 2022.

Tesla Inc, United States, NASDAQ: TSLA, W

Es evidente que lo que se desencadenó en estos meses de 2022 es un ajuste de expectativas, algo completamente normal dada la evolución explosiva del valor que se produjo con anterioridad.

CONCLUSIÓN

Lo que ha ocurrido en 2022 no difiere en nada de los anteriores procesos de exposición de una burbuja. De nuevo, el cambio de la política monetaria ha provocado una salida de los inversores de los activos de riesgo: en primer lugar, de los criptoactivos, luego de las empresas tecnológicas y, por último, del resto de la bolsa.

Por supuesto, la renta fija ha reaccionado al cambio de perspectivas relejada en la curva de tipos; lo que está haciendo es volver a la normalidad, nada distinto de los últimos ciclos previos a la crisis financiera de 2008.

Tal vez lo sorprendente de este ciclo de explosión de burbuja pocas veces vista (recordemos que el primer semestre de 2022 fue el peor en 60 años en las bolsas americanas) es la buena evolución del sector inmobiliario, a pesar de la persistente subida de tipos en la mayor parte de zonas económicas. No cabe duda de que la huida hacia activos tangibles es parte de la explicación, pero sin duda es firme candidata a ser la próxima burbuja a ser pinchada.

Efectivamente, hemos asistido a un proceso de finalización de ciclo alcista que, con las lecciones aprendidas en este libro, no sorprenderá al lector. Queda, con toda seguridad, un largo proceso de ajuste de expectativas que ha de llegar, tal y como la historia bursátil de otros ciclos bursátiles nos enseña.

www.ingramcontent.com/pod-product-compliance
Lightning Source LLC
Chambersburg PA
CBHW020656220526
45464CB00001B/461